U0907690

天空无界

THE SKY IS NOT THE LIMIT

与天体物理学家看星星、看月亮、谈哲学、谈人生

Adventures of an Urban Astrophysicist

[美] 尼尔·德格拉斯·泰森 著

郭佳迪 译

江苏凤凰文艺出版社
JIANGSU PHOENIX LITERATURE AND ART PUBLISHING, LTD

图书在版编目（CIP）数据

天空无界 /（美）尼尔·德格拉斯·泰森（Neil deGrasse Tyson）著；邬佳迪译 . — 南京：江苏凤凰文艺出版社，2019.7

书名原文：The Sky Is Not the Limit：Adventures of an Urban Astrophysicist

ISBN 978-7-5594-3407-4

Ⅰ. ①天… Ⅱ. ①尼… ②邬… Ⅲ. ①尼尔·德格拉斯·泰森—自传 Ⅳ. ①K837.126.14

中国版本图书馆CIP数据核字（2019）第041178号

江苏省版权局著作权合同登记：图字10-2019-305号

书　　名	天空无界
著　　者	[美] 尼尔·德格拉斯·泰森
译　　者	邬佳迪
责任编辑	孙金荣
特约编辑	张　斌　杜玉华
责任校对	张婉宜
封面设计	金牍文化 DQ Culture Communication · 车球
出版发行	江苏凤凰文艺出版社
出版社地址	南京市中央路165号，邮编：210009
出版社网址	http://www.jswenyi.com
印　　刷	三河市嵩川印刷有限公司
开　　本	880毫米×1230毫米　1/32
印　　张	9.5
字　　数	189千字
版　　次	2019年7月第1版　2019年7月第1次印刷
标准书号	ISBN 978-7-5594-3407-4
定　　价	39.00元

（江苏凤凰文艺版图书凡印刷、装订错误可随时向承印厂调换）

致米兰达和特拉维斯

愿他们追随的繁星比我毕生所见过的更明亮、高远。

目录

CONTENTS

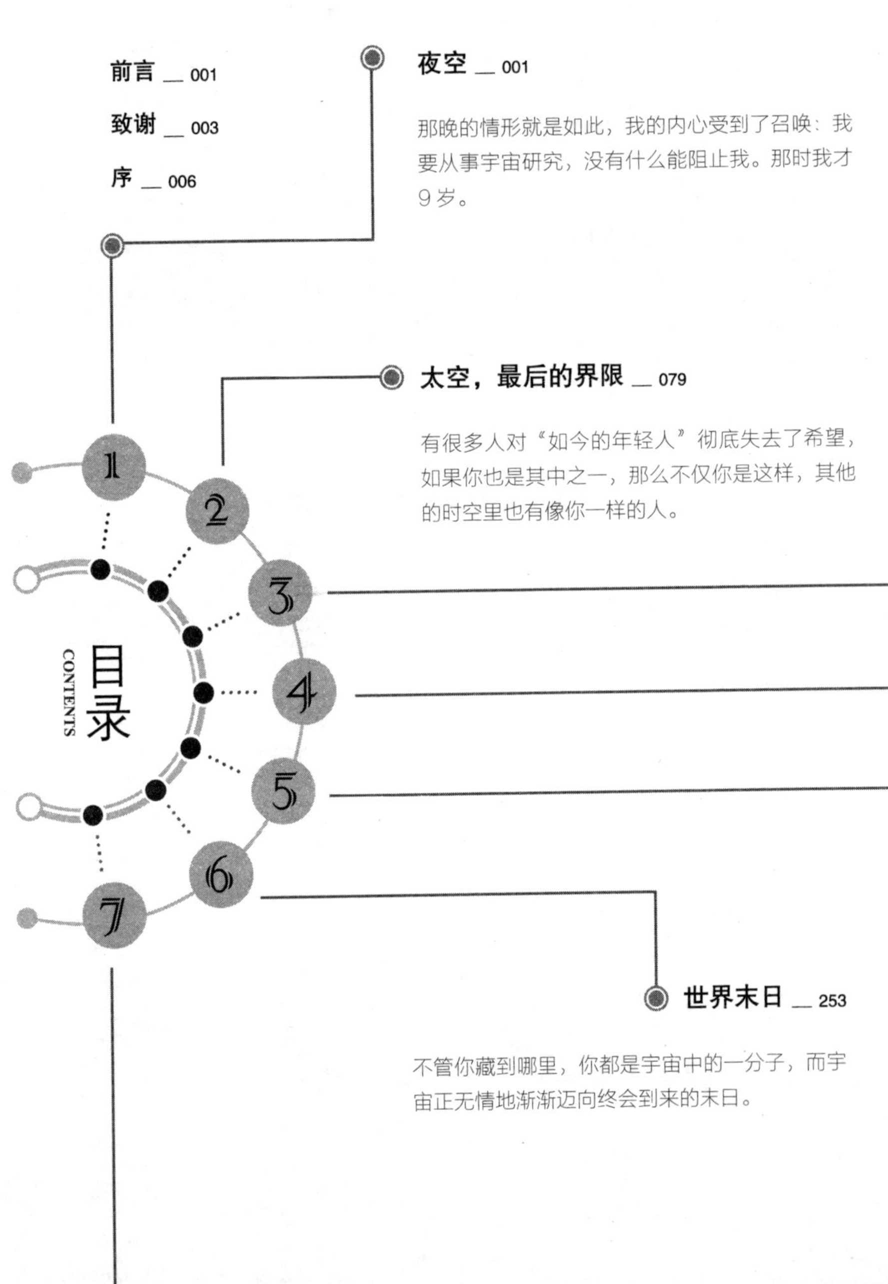

前言

回忆录既好写又不好写。

材料都是现成的。我科研之路上的种种细节要么留存在我的记忆里，要么保存在我幼年生活的大量记录中。我可以轻而易举地收集其中有趣的部分并把它们写下来。

可我既不是电影明星，又不是体育名人，更不是什么重要的政治人物。他们这些人光鲜的人生可以为他们的回忆录增添很多意趣盎然的内容，足以吸引读者的眼球。而我只是个科学家，一个天文学家，我只想把神秘广袤的宇宙真相呈现给对它有兴趣的每一个人。这对提高公众的科学素养不无裨益，这一点让我深感荣幸。

那么，我的故事能在哪些地方吸引到你呢？

在这本书里，我会和你分享我宇宙研究生涯中一些幽默诙谐的琐事，我还会告诉大家促使我走上宇宙研究之路的那些鲜为人知的生活片段，而这里面大多数内容可能和社会大众的趣旨背道而驰，包括我对我导师的回忆，他们中有为科学做出杰出贡献的普通人，也有从事普通工作的杰出人物。我还在书中写到，当我的抱负、我的目标、我的自我认同感在经受严峻考验，甚至处于几近崩溃的边缘时，我又经历了怎样的你无法体会的伤痛。

不管你希望在我和其他人的回忆录里读到什么，我能保证的是，《天空无界》会让你贴近我意气风发的内心世界，同时，作为一个天文学家，我有信心带你走近宇宙本身。

尼尔·德格拉斯·泰森

纽约

2004 年 4 月

致谢

多年来，有几百个人一直在陪伴着我，这其中，我特别要感谢我的妻子爱丽丝、我的父亲西里尔、我的母亲逊奇塔、我的哥哥斯蒂芬和妹妹林恩，他们对我一直以来的爱与支持帮助我顺利走过人生的旅程。他们的建议、智慧和指导让我在前进道路上披荆斩棘，克服重重挑战。我对他们的感激之情难以言表。

我的编辑贝齐·勒纳对我的写作提供了极大的支持。从我研究生时代的后几年起，她一直见证着我事业的发展。她鼓励我写这本回忆录，我很感谢她的坚持，虽然我当初对接手这项工作抱有很大的疑虑。

本书第五章和第七章的部分内容借鉴了《自然历史》杂志中我编的“宇宙”专栏下的一些论文，那些文章深深打动了我，并对我的人生产生了一定影响。

超越别人的眼光，

你追求梦想的力量

高悬于夜空之上。

—— 尼尔·德格拉斯·泰森

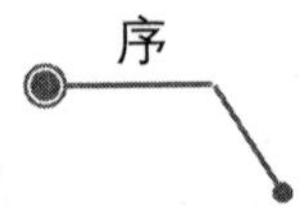

序

在毕业20周年的高中同学会上，大家不免会评价时间给每个人带来的变化，我在大家的评价中赢得了“最酷工作”的称号。我们这个毕业于纽约布朗克斯科学高中的班级很普通，班里也有同学成了科学家、医生、律师或是从事了其他类似的职业，但我却成了大家口中的幸运儿。我何以有此荣幸？作为天文学家和纽约市著名的海顿天象馆的馆长，我致力于解析天文现象，并创造途径让公众了解宇宙的奥秘。像无数前人一样，我们小时候都参观过海顿天象馆，不是和父母一起，就是和同学及老师一起。通过学校组织的外出游览，我们参观过布朗克斯动物园、纽约植物园、纽约修道院博物馆以及纽约的其他公共文化场所。可它们中没有一个像海顿天象馆那样充满魔力和异世之感。关于它的故事深深根植在我们童年的记忆中。

我的同学们大概不知道，我给这份“最酷工作”注入了一些与众不同的因素。虽然每个人的生活都各不相同，但我们总是可以找到某些相似的经历：我一直是个书呆子，赢得过科学竞赛，是物理学俱乐部的一员，数学考试总得高分，大概就跟你常见的那类书呆子一样。我还是个运动员。我在高中是摔跤队的队长，在大学是学校代表队的成员，这些经历在本质上也跟其他运动员没什么区别。我上大学时开始对天文学感兴趣，所以就一路读到了天文学博士，后来又走上了和我同事们一样的职业道路。作为一个美国黑人，我也曾在路上被警察无缘无故拦下来，或者在百货商场被保安跟踪。跟我年龄相仿的美国黑人恐怕也经历过同样的事。可是，如果把这些经历都加起来，我就拥有了一个与众不同的视角，我用它来观察生活、社会和宇宙。

我写《天空无界》更像是一种反思，而不是回忆。我要展现给读者的是，科学家是如何观察世界的，我是如何观察世界的。我希望每一代仰望星空的人，不管是坐在公寓屋顶上的，还是阿巴拉契亚山上的，都能找到一个全新的“望远镜”来观察宇宙、追随自己内心的那颗星星。

尼尔·德格拉斯·泰森

于纽约

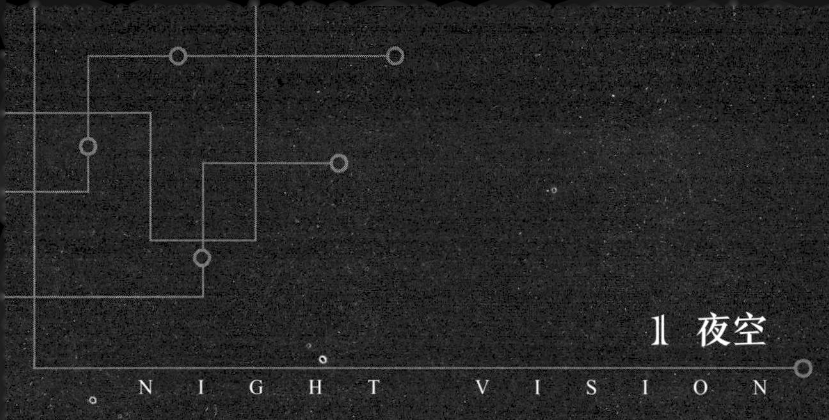

1 夜空

NIGHT VISION

那晚的情形就是如此，我的内心受到了召唤：我要从事宇宙研究，没有什么能阻止我。那时我才 9 岁。

早年

那夜，暮色正浓，繁星点点，65 华氏度[1]的气温舒爽安逸，抬头望去是无边无际的夜空。无数的繁星缓缓地从东方的地平线上升起，在秋天的夜空中连成一个个星座，皎洁的月牙渐渐没入西方的地平线。大熊座和小熊座高悬在北方的天空，在恰当的位置上及时出现。同样高悬在夜空中的还有木星和土星。有一颗星星，我忘了是哪颗，好像闪着一道光落向了地平线。不，我弄错了。那是一颗流星在大气层里气化了，只留下一条闪着光芒的长尾。当时有人告诉我那夜

[1] 65 华氏度相当于约 18 摄氏度。摄氏温度=(华氏温度 −32)×5 ÷ 9。(本书中所有注释均为编者所加。)

无云，可我看到了一条又长又稀薄的流云横跨整个夜空，在地平线上缓缓飘浮。可我又错了，我看到的不是流云，而是银河。它有些部分明亮，有些部分晦暗，层次分明，如梦似幻。我从没像那晚一样清晰地见到过如此壮美的银河，就在那个漆黑的、繁星闪烁的夜晚。面对绝美的夜空，我一时难以置信，忘乎所以，不知不觉中 45 分钟过去了，房间里昏暗的灯光又恢复至原先的亮度，而我正站在曼哈顿中心海顿天象馆天空剧院的穹顶之下。

那晚的情形就是如此，我的内心受到了召唤：我要从事宇宙研究，没有什么能阻止我。那时我才 9 岁，但已经知道那个大人们总是会问的问题的答案了。“你长大后想做什么？”虽然那时的我还不太会说那个词，但以后的我会回答：“我要做一个天体物理学家。”

多年来，我心中一直有个疑问：那个在我记忆中不可磨灭的在天文馆里看到的星空就是天空真正的样子吗？还是说那只是幻想的产物？或者更糟，那就是个谎言？诚然，天上有无数的星星。我曾在布朗克斯看过夜空，在我公寓的焦油屋顶上。我的公寓建在布朗克斯一座高高的山上，是三栋一组的房子中的第一栋，先前有人把这些公寓叫作“夜空景观”公寓。它们一栋挨着一栋，坐落在哈德逊河东西两岸。

最北边的一栋房子里住着菲利普·布兰德福，他是我从小学四年级就相识的好友兼同学。他出身于一个单亲家庭，有一个哥哥和一个姐姐，他们平时都很忙。他们的父亲在和母亲离婚后独自抚养姐弟三个，常常每天工作很长时间。我偶尔去拜访他们，布兰德福先生总是不在家，而菲利普则常常在我家待很久，特别是在周末。他总抱怨我的父母太严厉，总限制我的玩耍时间，而他的父亲就不会。我想他的父亲可能觉得我们这样稳定的双亲家庭氛围可以让菲利普懂得规矩和纪律。即便如此，我还是觉得他对我的影响反而要大得多。不管菲利普在家是不是守规矩，他都比我聪明，明眼人都看得出来。他教我下棋、打扑克、玩皮纳克尔纸牌，玩大冒险和地产大亨游戏。他给我看头脑风暴书，这种书的内容类似高中数学课上难解的应用题。但在好的头脑风暴书里，有些题目的答案简单得出人意料，常带有欧·亨利式的戏剧性转折。

我最喜欢的是这样一道题：4只蚂蚁分别站在正方形桌面的4个角上，桌子的边长为12英寸[1]，每只蚂蚁都以相同的速度朝着它右边的蚂蚁爬，当所有蚂蚁爬到桌面中间会合时，问每只蚂蚁爬了多远？（答案：12英寸）

再说一个：准备一副崭新的、没有洗过的扑克牌，或把一副牌根据花色和数字一一码好（就像刚买回来时那样），然后切牌，像开始玩牌之前那样。就这样连续切牌100次，请问再次让这52张牌[2]按照花色和数字排好的概率是多少？（答案：100%）

我喜欢有关数字的头脑风暴题，比如，每秒钟数一个数字，需要多久才能数到一万亿？（答案：31710年）还有更具娱乐性的问题，像是你要让多少个人进到一个房间里，才能保证让其中某两个人生日是同一天的概率超过一半？（答案：24个人）

11岁的我越是玩这些游戏，头脑越是灵光，思维越是开阔。

[1] 1英寸约合2.54厘米。

[2] 52张牌指去掉大小王。

然而，菲利普对我最大的影响是让我看双筒望远镜。我之前也用过望远镜，不过是用来看看比赛赛事，望望别人家的窗户。对普通市民来说，双筒望远镜不过就这两种用处。可菲利普让我用望远镜望向遥远的天空，望得比街灯、高楼、云朵还要远，要望向月亮和夜空中的星星。

任何语言都无法准确描述我第一次在布朗克斯用望远镜望向月亮时看到的景象，它是如此广阔，令人难以忘怀。哈德逊河上，皎洁的月牙悬挂在新泽西帕利塞德陡崖之上。透过 7×35 倍的望远镜，我看到的月亮不但更大，而且更美。在月球上那些黑色的阴影的映衬下，月球表面呈现三维立体的效果，上面遍布着山脉、山谷、陨石坑、山丘和平原。我突然发现，月球不再只是一个星球，而是另一个世界。用简易望远镜就能把月球看得如此清晰，试想用山顶望远镜看到的宇宙会是怎样一幅画面？

后来我才知道，伽利略是世界上第一个通过天文望远镜看宇宙的人，他看到了前人做梦都想不到的景象：月球表面的结构、太阳的光斑、金星的阴晴圆缺（和月球一样）、土星和它美丽的光环、围绕着木星运转的小行星以及闪着微光、汇聚了繁星的银河。当我也看到这些景象时，我和伽利略产生了跨越时空的共鸣。我看见了瑰丽的宇宙，虽然这早已不是新鲜事，但在我看来，我在纽约布朗克斯看到的景象一定和四个世纪前伽利略在意大利佛罗伦萨看到的景象一样令人振奋。不仅如此，伽利略的观察地点是窗台和屋顶，我也是。

这些带给我启蒙的事情，以及后来的一些其他事情，都发生在常规教育模式和计划之外，在课堂上可接触不到。可是老师们，特别是小学老师，往往不太了解学生课外的兴趣和活动。所以当我把我的课外活动和课内学习相比较，会发现这两者非常不协调。从一年级到六年级，再从八年级到十二年级，没有一个老师料想到我将来会成为一个天文学家。我上小学的时候，没人说过“尼尔以后会有出息”“尼尔有很大的天赋”，或是“我们对尼尔的期望很高”。多数老师可能觉得我长大后会成为加油站的小工，因为我从来不是一个让人学习的榜样。我的成绩和课堂表现都不突出，老师们觉得我在课外花费过多精力会影响我的学习。有个老师还在家长会上跟我母亲说“您儿子笑得太大声了”。

最好的老师先评估每个学生的综合才能，再根据学生的兴趣帮助他们探索未来的职业之路。而最坏的老师仅仅评价你的行为是否符合标准，好让你跟其他学生一样。

我的老师奥康奈尔女士在我小学三年级的报告卡上的“教师评价”一栏里抱怨：“尼尔应该以更严肃的态度对待学习。”我小学四年级的老师泰勒女士依然没有对我除学习以外的其他方面作出任何评价。等到了五年级，情况还是没有好转。老师戈德曼先生在评价我的时候，又唱红脸又唱白脸：“尼尔是个好的领导者。他尊重他人的权利、尊严和感受，但他对待作业、写作和学习笔记有点懒散，还需受到鼓励和督促。”他可能注意到我过多的课外活动其实也有值得肯定的地方，但无奈传统的评价学生课业的方法还是没有什么突破。六年级的时候，在报告卡的第一栏，克林德勒女士用圆体字潦草地写道：“你必须少参加社会活动，多在学业上用点心！”

克林德勒女士是个高大、自信的女人，十分强调学校纪律，可能是我小学里最聪明的老师。我的小学是 81 号小学，位于布朗克斯的里弗代尔大道（尽管记者们总把布朗克斯南部，或当地其他在夜晚充斥着黑帮和暴力的街区当作我早年的生活场所，但我小学所在的里弗代尔大道位于布朗克斯西北角，是一个安全的、相对封闭的中产阶级社区）。期中的时候，克林德勒女士自发地从当地报纸上剪下海顿天象馆的小广告，宣布那个学年要在海顿天象馆开办一系列天文学课程。课程中有一门叫作“青少年关于天文学的深度话题”，面向初中高年级和高一的学生。她从我上交的大量天文学书籍的读书报告中看出，我对宇宙的兴趣越来越浓厚。虽然课程有年龄要求，但她觉得我应该听得懂，于是就建议我去参加。可能她也觉得如果我过多的课外精力可以用一种明智的方式在校外培养，我可以不受常规课堂的限制自我成长。克林德勒女士确实重新给我的“课外活动”指明了方向，虽然她曾一度批评这些，这样在她严肃的课堂上，我就能乖乖听话了。从那以后，海顿天象馆成了培养我天文学兴趣的广阔平台。先前我只知道这是个有着美丽夜空的地方，但经过了解，我才知道真正的宇宙可要大得多。

一个学生的学习并不仅仅来自课堂，还可以源于大量的课外实践。好的老师知道这一点。最好的老师会保证这一点，他们会把自己当作教育者，关注的是丰富学生的人生，而不是看有多少学生在他们的课上拿了 A。

我把我大多数重要的学校文件保留了下来，都整整齐齐地按照年级顺序放在一本叫作“尼尔的学校生涯”的册子里。封面上“尼尔的”这三个字还是文具店老板用花体字写的。我把从幼儿园到高中的报告卡、美术作品、考试卷和抄写本都保存了下来。我还在一些特定的留白处记录了朋友们的名字和我的爱好。我很小的时候，还在册子里记录了长大后想做什么。那时候，小孩子都要从预先设定的选项列表里选择长大后的理想。男孩的选项是军人、牛仔、消防员、警察、棒球运动员和宇航员，都非常合情合理。而女孩的选项却完全不同，其中有母亲、护士、老师、空姐、模特和秘书。为什么女孩子长大后可以成为母亲，而男孩长大后却不能成为父亲？这一点让小时候的我非常费解，但是我们暂时先无视那个年代的性别歧视吧。在选项表上，你还可以在一个地方写上你自己的理想。六年级的时候，我在那里写上了“天体物理学家”。

我的哥哥和妹妹也有这样的小册子，是奶奶送的。我的奶奶名叫阿蒂玛·德格拉斯·泰森，晚年和我们一家人住在夜空景观公寓。她知道教育很重要，总是念叨着要在学校读书，要去上大学，要用才能在社会上立足。虽然她自己没上过大学，但她的五个孩子都上了。她的中间名（娘家姓）是德格拉斯，后来成了我和我父亲的中间名。虽然德格拉斯是法国名（大概源于一个法国海军将领，他在独立战争时期与美国殖民者作战，后来被俘，关押到了加勒比海的一个岛上），但阿蒂玛深受英国传统的影响，特别是重视正规教育。她在加勒比尼维斯岛上长大，现在的尼维斯岛已经与圣基茨岛一起成为了主权国家，它们都曾是大英帝国的殖民地。她始终保持着重视教育的态度，从女孩到母亲，从尼维斯岛到埃利斯岛[1]，从母亲到祖母，她一向如此。

[1] 纽约市曼哈顿区西南上纽约湾中的一个岛。

我年少时住的夜空景观公寓总共有22层，每一层都按顺序标有“A”到“X”的字母。喜剧演员和其他表演艺人喜欢在拖车停车场逗住在拖车里的居民，嘲笑他们居然住在这么小的地方。但除了可能受到飓风的影响，住在拖车停车场和住在纽约的公寓里没有什么分别。我住的公寓有20个楼层编号，而不是22个，因为纽约大多数公寓设计者（包括夜空景观公寓的设计者）都有些迷信，他们去掉了13楼，也顺便去掉了14楼，以保证楼层编号保持“单数，双数，单数，双数”这样的顺序，方便人们数楼层，而且两个分别负责单双数的电梯也能正常运行。

住郊区房子的人一般不会羡慕住在城市公寓里的人，但我觉得我们有一点还是值得别人羡慕的。万圣节期间，住城市公寓比住郊区房子更方便讨糖。不到45分钟，我和我的朋友们每个人就能讨到满满一购物袋的糖。一个半小时后，我们要到的糖都足够吃一整年了。因为讨糖活动都是在公寓内部进行，你穿着卧室的拖鞋也能挨家挨户讨糖。住在公寓的另一个好处就是公寓的房顶够高，你只要坐电梯就能到达布朗克斯的最高处。我可以托着我的望远镜，清晰地看到地平线上各个方向的景象。据我所知，埃佛勒斯峰[1]上也不见得能看到这么清晰的星空，虽然我连新泽西以西的地方都没去过。

在我不到12岁的时候，我们一家人暂时从布朗克斯搬到了马萨诸塞州莱克星顿市波士顿郊区的一间高级住宅。我父亲西里尔·德格拉斯·泰森是一位社会学家和经过培训的教师。在那个民权运动最风起云涌的年代，他在约翰·V.林赛市长手下当了6年的特派员。我想远离城市对他来说是个好选择。他那时接到了哈佛大学肯尼迪政治学院为期一年的任职邀请，同时，他也是科技和社会项目的研究助理。我们把纽约的公寓转让后，住进了一所私人住宅。那所房子所在的街道叫孔雀农场路，有一个铺满草坪的后院，旁边还有一棵李子树，屋后是一条小溪，反正完全跟城里的房子不一样。

住到莱克星顿的这一年，我上七年级，那是我学业最

[1] 即珠穆朗玛峰，是喜马拉雅山脉的主峰，是世界海拔最高的山峰，位于中国与尼泊尔边境线上。

成功的一年。我的成绩拿了全 A，还获得了学校公民奖（相当于年级毕业代表）。很多同学的成绩都拿了全 A，至少每个年级有一个，多的话，每个班级一个。拥有这个荣誉之后，我发现这是社会上被人们评价过高的一项荣誉。上学时拿过全科 A 的成年人一般都集中在科学领域。博士学位一直都在筛选出好的学生，所以至少是在物理学和天文学领域，几乎每位研究员都在中学或大学时期，或者两个时期都取得过全科 A。从这个现象可以得出一个简单的结论，那就是，每个在社会上被认为“成功”的人士，以及不从事学术研究的人都没有拿过全科 A。

不信的话，就去问问他们。这些人包括世界 500 强企业的首席执行官、成功的创业者、发明家、有名的艺术家、卓有成就的音乐家和作曲家、畅销书作者、获奖诗人、喜剧演员、剧作家、制片人、获得学院奖的演员以及职业运动员。我们创造并甘愿支持这样一个教育评分系统，并用它来表彰班级里考试成绩最好的学生，可对于那些利用自身才能真正塑造当代文化的人来说，完美的高分对他们的人生并没有什么预测价值。除却世界历史上那些最有名的人物，大家普遍认为拳击手穆罕默德·阿里的智商低于平均水平，但他却出现在了《巴特利特的引用》一书中。高智商专家玛莉莲·莎凡[1]是世界上可测得智商最高的人之一，但她既不出名，也不为人熟知，也没有出现在《巴特利特的引用》上，更没有治愈癌症或研究宇宙的奥秘。我最近得知关于她的消息是她在《大观》杂志上设了个专栏，内容是娱乐其他高智商人群的字谜和思考题。我不想评价别人，特别是评价像莎凡女士这样的容易受大众评判的对象，可鉴于她的老师们对她未来给出的高评价，她的简历读起来有些单薄。

七年级优秀的学业表现也是我个人的成就，因为我从来没有，之后也没有在学业上有过如此突出的成绩。虽然我可能永远不知道到底是什么规则教育让那一年变得如此不一样，可那时的我没有电视看，卧室的窗外也看不到操场，只有绿草和树木。更别提晚上那种瘆人的寂静了。没

[1] 玛莉莲·莎凡，意大利裔美国人。根据《吉尼斯世界纪录大全》中的记载，她智商高达 228，是全世界智商最高的人。

有警车的鸣笛，没有汽车的喇叭声，也没有街角人们的争吵声，但夜晚也不是完全没有声音，我一时半会儿可忘不了蟋蟀每晚烦人的叫声。我不禁怀疑：为什么蟋蟀的叫声是“自然”的乐声，而我们人类自己发出的声音却被认为是“噪声”？

直到从蟋蟀的行为中发现周围环境的信息，我才渐渐适应了它们的聒噪。我推断出了常人不太知道的蟋蟀叫声和户外温度的关系：在 15 秒内数蟋蟀叫了几下，再把这个数字加上 40 就是室外的华氏温度。等气温降到 40 华氏度以下，蟋蟀就不再叫了。

住在莱克星顿那段日子里，我还得到了我人生中第一架单筒望远镜，那是父母送我的生日礼物。我早就对宇宙建立了浓厚兴趣，我的父母也知道，一架有 3 个目镜、1 个太阳能投影屏幕的 2.4 英寸折射望远镜肯定是我梦寐以求的礼物。望远镜很快就发挥了它的教育和启迪作用。我可以在后院连续好几个小时心无旁骛地观察天空。白天的时候，我就观察不停变化的太阳表面上太阳黑子的移动情况，记录其为期 25 天的运动轨迹。到了晚上，新英格兰郊区的夜空比城市更漆黑，所有的恒星和行星都能尽收眼底。马萨诸塞州的冬天经常下雪，我就在后院雪地上铲出一块圆形的空地，城市好像在寒冷的天气中静止了，但我还像往常一样观察天空。

我对宇宙的热情迅速高涨，很快我的望远镜已经满足不了我的观测需要了。在其他条件不变的情况下，大的望远镜自然比小的望远镜好。观测宇宙的时候，望远镜的尺寸确实很重要，这可能跟你之前听说的不太一样，所以外行天文学爱好者集会时，大家都会礼貌性地“嫉妒”拥有大尺寸望远镜的人。大尺寸望远镜能聚集更多的光线，这样就能看到更多暗处的星星。回纽约上初中的时候，不像其他孩子每周或每个月能领到零花钱，我从没在父母手中拿到过零花钱，虽然他们会毫不犹豫地给我买便宜的关于数学和宇宙的过期书籍满足我的兴趣。我要找个工作才能买得起昂贵的望远镜。

我在夜空景观一带找了个替人遛狗的工作，用赚来的钱买了一架名为“标准动态镜”的 6 英寸牛顿反射望远镜。我遛的狗不是一般的狗，而是毛茸茸的住城市公寓里的狗，跟街上那些缺半只耳朵、住在小巷里的垃圾箱旁边的狗可完全不一样。我遛各式各样的狗：大狗、小狗、对人友善的狗、刻薄的狗、年轻的狗、年老的狗、臭烘烘的狗、干干净净的狗……不过它们都不喜欢坏天气，都喜欢坐电梯而不是上下楼梯。带它们出去不过是因为它们在温暖干燥的室内待久了，要出去解解闷。下雨天，大多数狗会穿雨衣，还有的戴宽檐帽和兜帽。每只狗遛一次，我能拿到 5 美分。我整个初中都在帮人遛狗，赚到的钱足以支付一台望远镜和一台入门级五轴 35 毫米单反相机 2/3 的费用，那台相机还特别配备了天文摄影适配器。我坚持想买这些东西和配备的硬件，父母也被我打动，欣然支付了剩下的费用。

望远镜有一根 5 英尺长的白色镜筒，装在一个重型金属支架上，看起来既像大炮，又像榴弹发射器。和大多数高于一定价格的望远镜一样，我的望远镜配有一个能追踪星星运行轨迹的电子转仪钟，以补偿地球的自转，减少误差。公寓的屋顶有两英亩[1]大，但上面没有电源插座，而

[1]1 英亩约合 4046.86 平方米。

我的牙医（我们家的老朋友）碰巧住在 19 楼。所以我要从 4 英尺长的石制安全栏杆上解下一根 100 英尺长的重型电源延长线，然后通进牙医公寓卧室的窗户，再把延长线和望远镜一起拖到顶楼。我一个人很难完成这一系列的工作，所以就让比我小 4 岁的妹妹帮我拖重的部件，因为轻的光学镜筒组件贵多了，我不放心让她拿。30 年过去了，我妹妹还在跟我抱怨这事呢。

大约 15 岁时，我就能轻易地观测宇宙了。我在楼顶搞的这些事情，在叽叽呱呱的邻居们看来，就好像我是个全副武装的小偷，准备在夜里带着便携武器从屋顶上吊着绳子顺着大楼爬下来入室盗窃。我在屋顶观测，三次中就有一次会招来警察。

但是，不管报警的人跟他们说了什么，一旦登上屋顶，警官们无一不为望远镜里月球、行星和恒星的景象折服。单单是土星迷人的景象就足以说服他们。据我所知，要不是因为观测夜空，我可能早就要被枪毙好几次了。

初高中时期，我至少选了六门海顿天象馆在职导师开的课。课的内容、导师们的专业知识非常适合我当时的学习阶段，那是我学习最快的时期。

在那些天文课的老师中，如果有什么“上帝之声”之类的比赛，弗雷德·赫斯博士肯定会赢得第一名。赫斯博士是个很和善的人，身材像圣诞老人一样，公众对他的信任度堪比沃尔特·克朗凯特[1]。我选的他的两门课都开设在海顿天象馆的天空剧院里，其中我最喜欢的一门是“恒星、星座和传说”。他带有磁性的嗓音在海顿天象馆的穹顶之下放大，竟像众神之父宙斯的声音一般，似乎是从太空深处散发出来的。有时候，我上了太多的高数课和物理课，会感到有点疲乏，而赫斯的课却能让我陶醉在夜空的庄严与浪漫中，更使我确信：望向天空本身就是一种简单的快乐。

我现在也常在天空剧院穹顶之下或者夜空之下开设讲座，这个习惯可以说是受到了赫斯博士的影响。赫斯博士

[1]美国著名记者、主持人。

还是位季节性月食的追随者，也是世界上少数记录月食全部时长的人之一。

我参加海顿天象馆课程那些年的大多数时间里，马克·沙特朗三世博士是海顿天象馆的馆长。他是位充满智慧、负责又热情的导师，总能在他教授的任何内容中添加一丝幽默——不是那种莫名其妙的笑话或一句话带过的俏皮话，而是一种自然地流淌在他讲课内容中的幽默感。沙特朗博士可以把他精通的天文学知识和独特的幽默感以一种令我意想不到的方式结合起来。如果宇宙包罗万象，那么它应该很有趣。我见过很多体育界的大人物，从田径明星到棒球健儿，但沙特朗博士打破了这个界限，成了我在体育界以外的第一个知识分子偶像。然而，我并不想成为他那样的人，我只是单纯地想像他一样认识宇宙、同他人交流关于宇宙的知识。那些年，我选了他的两门课。这两门中我最喜欢的，也是我所有课程中最喜欢的一门叫作“天文学圆桌会议”，虽然名字很简单，但它涵盖了相对论、黑洞、类星体、宇宙大爆炸这些方面的知识。15 岁的我是班里年纪最小的，其他人至少比我大 15 岁，我大概只能听懂课上的一半内容。但如果我要对宇宙知识了然于心，必须先懂得入门知识。

那时候，每个在海顿天象馆学完一门课的人都能得到一本证书。证书印制得很厚，设计和外观都很像毕业证书，适合装裱起来当作留念。我还保留着我的每一本证书，上面都有馆长的亲笔签名，但随着时间的流逝，馆长签名这一传统渐渐淡化了。25 年后，我成了海顿天象馆的馆长，又恢复了这个传统。我希望我简单的签名可以影响下一代的科学家，就好像上一代的前辈们影响我一样。每年，我要签几百份授课证书，为了提高效率，我的助理建议我用橡皮章代替亲笔签名，但我谢绝了。在我看来，一份一份地用钢笔签这些证书是我最重要的荣幸之一。

在所有的行星中，我最喜欢的是土星。不用怀疑，不用争辩，土星就是最美丽的行星。我用我的第一架望远镜观测到的第一个星球就是土星。想象一下，对准一个天上的星星，用瞄准器的十字准星瞄准它，然后通过望远镜的目镜看到另一个世界：一个旋转着的天体周围是一圈比它本身还要宽三倍的光环，这时你该有多兴奋。你可以通过简单的望远镜清晰地看到土星的几颗卫星，但最后统计出的卫星数量是十几颗。

与此同时，七年级的时候，木工课程（那时，只有男生上木工课）的一个单元要求我们每个人做一盏台灯。虽然课程大纲建议我们采用现成的几个台灯样式，但我决定自己设计样式。我想到的一个设计方案是受到水泵外形的启发，你只要按压“水泵”把手就能开关台灯。另一个方案是模仿酒桶，酒桶的塞子安在灯泡上，开关就是塞子的龙头。这些设计都很妙，也能检验关键的木工技能，但都不能在我的心中产生成就感。我的木工台灯要有一个和宇宙有关的主题，要以一个行星命名。我的台灯的名字就叫“土星”。在我的设计方案中，灯泡的灯罩位于一个直径约 9 英寸的、箍了木板条的白色松木球体的顶端。在球体的南北两极钻孔，中间伸进一截导管，再让电源线穿过导管。从球体中央的赤道上伸出两根榫钉，用来支撑略倾斜的宽大红木圆环。把与灯罩底端相连的灯链连到圆环上面，这样通过倾斜圆环就能开关台灯。支撑球体的是一个木质底座，底部有一层毛毡，可以保护放置台灯的家具。

我的作品拿到了A +的好成绩，如今，这盏台灯依旧是我桌面的主灯。

与土星相关的另一件事，虽然记不太清了，但也让我十分欣喜。1973年6月，我去非洲西北海岸观看了日全食[1]，返程的路上，我们在堪培拉号[2]上说到了土星。我们那时带了移动平台，这样就相当于带了一个可靠的气象学家，再也不用担心在日食那天受到恶劣天气或多云天气的影响。我们乘坐的这艘坎纳德豪华邮轮被改造成了一个漂浮的科学实验室，在太阳完全被挡住的七分钟里，我们可以在船上进行各种天体物理实验，那也是有史以来持续时间最长的日全食。（10年后，马尔维纳斯群岛战争期间，这艘邮轮又一次被改造，但那次却是为了把英国军队运送到南半球。）当时，纽约探险家俱乐部给我一笔小额

[1] 1973年6月30日发生于非洲的日全食是20世纪时间第二长的日全食。

[2] 堪培拉号是由哈兰·沃尔夫船厂于1960年3月16日建造完成的一艘大型移民客船，其后该客船用于解决当时移民潮中选择交通工具的难题，在马岛战争中担任运兵船，直到1996年“退役”。

奖学金让我去参加那次观赏日食之旅。我那时只有 14 岁，是这个为期 15 天的旅程中年纪最小的且无大人陪伴的成员，但我带的望远镜足以成为我的旅伴。人们问起我的年龄，我就谎称自己已经 16 岁了。我以为把自己的年龄说大两岁，船上的大人们就会对我另眼相看。

探险家俱乐部是曼哈顿上东区一个装修精美、布置华丽的地方。每个房间里装饰有固定在墙上的哺乳动物的头，眼睛都直勾勾地看着你。俱乐部吸引了很多不同领域的探险家。他们喜欢出来和大家分享各种冒险经历，诸如潜入幽深海底、爬上险峻高山、探入丛林深处、遨游浩瀚太空。他们的教育部长弗农·格雷恰巧也参加了海顿天象馆的“天文学圆桌会议”课程，而且与我同期。有次下课，在我向沙特朗博士请教一系列关于黑洞的问题之后，格雷先生不知不觉地走到了我面前。他介绍了一下自己，又给了我他的名片，让我有空给他致电。我那时年少无知，忘性还大，心想：大人一般不会把名片给一个毛头小子吧。第二天，我妈妈费了好大劲儿才给他打通了电话，这才明白了他的意图：他希望我加入探险家俱乐部。探险家俱乐部不仅给学生颁发奖学金，还会保留其他奖学金项目的参考数据，好提供资金让一些崭露头角的科学家去世界各地探险。与格雷先生的简短会面，不管是直接的还是间接的，都为我早年的事业提供了一系列的良机。最开始是日食之旅，那次旅行让我对宇宙更加痴迷，我也由此想到：一个人是如何挥舞着机遇的魔法棒改变了另一个人的人生轨迹。

堪培拉号上有 2000 名科学家、工程师以及日月食爱好者，其中还有一些名人，像是宇航员尼尔·阿姆斯特朗[1]和斯科特·卡彭特[2]。作品颇多的艾萨克·阿西莫夫[3]博士也在船上。他用亲切的布鲁克林口音为大家做了一个非常有趣又内容丰富的讲座，讲的是日食的历史。虽然那是我第一次，也是唯一一次见到他，但 15 年后，我在寄给他的信上提到了那次日食之旅，并诚恳地请求他为我的

[1] 1969 年 7 月，尼尔·阿姆斯特朗乘坐阿波罗 11 号登月成功，成为第一个踏上月球的宇航员。

[2] 美国国家航空航天局的宇航员，执行过“水星—大力神 7 号”任务。

[3] 美国著名科幻小说家、科普作家、文学评论家，美国科幻小说黄金时代的代表人物之一。

第一本书《梅林的宇宙之旅》写封底的推荐语。他同意了，并写出了任何出版商都会喜欢的溢美之词。阿西莫夫读了我的手稿，并在三天内给我回了信。这三天中还有一天是星期天，邮递员星期天不工作，所以我本可能在两天内就收到回信。阿西莫夫这个大忙人那时真的读了我300多页的手稿还亲手打字回信了吗？这我无从得知，但他确实找出了书里的一个错误并在信中告诉了我。

堪培拉号上，有四位科学家和教育家是海顿天象馆的代表，其中的两位就是弗雷德·赫斯和马克·沙特朗，他们在船上开了多个讲座。赫斯亲自主持关于日食的各项庆典活动。我们又见面了。我当时距离非洲西北海岸只有1000英里[1]，船上还有两位在纽约海顿天象馆工作的先进教育工作者。我真是个幸运的孩子。

返程的七天里，除了各种讲座和报告，船上还举办了一些有趣的娱乐活动，像是天文学小知识竞赛，我关于土星的知识在这时可派上了大用场。约五十个参赛者各自组

[1] 1英里约合1609.34米。

成小组，分开坐到四五张桌子旁，主持人开始问各种关于宇宙的问题。开始的一些题就很难，很快很多小组都被淘汰了。其中有道题难倒了所有人："你不可能在一年中的哪一天看到日食？"在思考这个问题的时候，我只顾着想是一年中的哪个日期，而没有想是一年中的哪一天。正确答案是复活节。在北半球国家，复活节定在春季第一天之后的第一个满月后的第一个星期天，因此复活节肯定至少是在满月后的第七天。而日全食只在新月的时候发生，新月距离满月的时间是两周。回过头想，其实任何阴历的节日，只要不是在新月这一天，都可以是正确答案，像是受难节[1]、逾越节[2]、斋月[3]的第一天和中国的春节。

还有一道题难倒了大家，一些小组也被淘汰了。题目是："火星、金星和木星上的东西和外星人的学名分别叫什么？"我知道这是个冷门题。谁都知道火星人叫

[1] 亦称"耶稣受难瞻礼"，是基督教纪念耶稣受难的节日。

[2] 犹太人的主要节日。犹太教历以此节为一年的开始。

[3] 指伊斯兰历的九月。按照伊斯兰教教义，斋月是伟大、喜庆、吉祥和尊贵的月份，因为安拉是在这个月把《古兰经》降给穆斯林的。

"Martians"，但很少有人知道木星人叫"Jovians"，知道金星人叫"Venereals"的人就更少了。天文学家不常用"Venereals"这个词，他们更喜欢用不那么顺耳的"Venutian"一词，这都是因为医学界很早之前就借用了这个词，那时的天文学家还没有好好地利用它。但我们不能怪医生啊，维纳斯（金星 Venus 一词也是罗马神话中女神维纳斯的名字）是爱与美之神，她自然也应该是救死扶伤的医学之神。

竞赛的最后只剩下包括我的小组在内的两组参赛者。决赛题是："除了美丽的光环之外，土星的哪个特征明显区别于太阳系的其他行星？"我知道如果我把七年级木工课做的土星台灯扔到浴缸里，它是会浮起来的。台灯是木头做的，木头的密度比水小。同理，如果你把土星扔到一个足够大的浴缸里，它也会浮起来。土星是太阳系中唯一密度比水小的行星。我在主持人公布答案之前站起来说出了正确答案，于是我的这点小聪明赢得了在场所有人的掌声，也为我的小组赢得了一瓶香槟。仰望星空这么久，在那一刻，我终于也成为一颗闪亮的星星，虽然只闪耀了很短的时间，但已足够令我欣喜若狂。

九年级之后的八月份，我又一次真正踏上离家之旅。这次的目的地是乌兰堡营地——加州南部莫哈韦沙漠的一个边远地区。负责带领我们的是两位科学老师：约瑟夫·帕特森和里克·谢弗。有些父母不知道在暑假让早熟的孩子去哪里，于是就让他们去参加这种旅行。乌兰堡是丹麦天文学家第谷·布拉赫在16世纪进行的一次无望远镜天象观测的名称。在那次观测中，利用精密的瞄准装置，他初步观测到了行星的位置，因为相对于其他星星，这些行星的运动更明显。

那些理智的大人为什么会在沙漠里租一块地，弄来十几架高性能望远镜，聚集了一批由数学家、物理学家和天文学家组成的教师团队，又在夏季邀请一些十几岁的天文学爱好者到这里日夜颠倒地生活？我确实搞不懂，但是帕特森和谢弗确实创造出了一些特别的东西。他们出于对天文学的热情和对教育事业的深爱搭建了这个营地。

我们是乘一辆大篷车到的那里，车上的人坐满了一半的位子，一路从东海岸的纽约开车53个小时才到达偏远的营地，这里距离加利福尼亚的巴斯托[1]30英里。我在这里昼伏夜出地生活了一个月，操作了一些高性能的望远镜和一台电脑（1973年，笔记本电脑还是个新奇玩意），还上了一些数学、相对论、光学和天文学的课程。

在那里，我以为我死了，置身于遥远的壮美星空里。

在纽约的时候，运气好的话，你也许可以在晚上看到100颗星星。而在莫哈韦沙漠的那晚，我看到了数以亿计的繁星。6年前海顿天象馆的那次星空秀果然没有骗我。那夜的空气湿度几乎为零，晴朗的天空足够黑暗，没有半片云，我不禁觉得“这让我想到了海顿天象馆的星空”这样的想法真是令人尴尬的城市人的思维。那个夏天，我拍到了最美的夜空的彩色照片，我从没拍到过那样的照片，之后也没有。我们拍到的有月球、行星、恒星系统、星系、星云和大量的银河系的照片。我用我的宾

[1] 美国加利福尼亚州圣贝纳迪诺县内的一座城市，是一个重要的地区性运输中心。

得单反相机的柯达高速埃克塔克罗姆胶卷捕捉到了夜空的灵魂，在星空景观公寓遛了那么多次狗可真没白费。

对于夜间天文摄影来说，高速埃克塔克罗姆胶卷是市面上能买到的光敏度最高的胶卷，也是天文学家理想的胶卷。白天的时候，我也会用这种胶卷捕捉荒凉的沙漠景象。柯达克罗姆胶卷激发保罗·西蒙[1]创作了一首同名歌曲，我差不多也是在1973年的夏天通过无线广播听到了这首歌。我们的大篷车横跨美国去往乌兰堡营地，开到中西部的时候，某个广播台突然播放起了一首流行歌曲，正是《柯达克罗姆》，它的第一句就是“当我回想起我高中学到的那些垃圾……”

我在哪个国家？

这难道不是美国吗，这个人性解放、言论自由的国度？可14岁的时候，我根本没有意识到，虽然我们的国家是一个联邦，我们的州际公路可以把所有的州都联结起来，但一个州的社会状况、政治制度、治理理念可能完全

[1] 美国音乐家、创作歌手、唱片监制。

跟另一个州不一样。但幸运的是，物理学的定律在地球上的任何地方都适用，甚至超越社会道德，在全宇宙都适用。所以当我遇到社会上不合理的事，物理学定律便成了我的一项评判准则。

那年夏天，我也在和沙漠里的昆虫以及其他生物做斗争，那一点也不比研究宇宙来得轻松。过去，我只会根据黄道星座天蝎座在心中想象蝎子的样子，可那年夏天，每天早上我会从靴子里抖出一些蝎子来。穿靴子是为了保护我的脚踝不被夜间的响尾蛇咬到。

谁说沙漠是个安静的地方？不像都市传说里精神不正常的狼人，莫哈韦沙漠的土狼可不会根据天体的景象采取相应的行动，不管天上有没有月亮，它们每晚都会嚎叫。除此之外，浑身是毛的滚圆的狼蛛无疑是整个太阳系中最丑陋可怕的生物。

在沙漠巨大的生物群落中待了一个月，我倒开始想念城里的蟑螂了。它们不会蜇人，不会咬人，不会吸人血，更不会给猎物注射毒液。而且，通常情况下，蟑螂一般不会跑到我们跟前碍眼。

乌兰堡营地现在已经不存在了，但参与这项活动带给我们的影响是无法磨灭的。和我一起参加露营的伙伴中，居然有五个人后来取得了天文学博士学位，而且我们所有人都取得了硕士学位，一些人还考入了同一所大学的研究生院。乔·帕特森后来在得克萨斯大学取得天文学博士学位，现在是纽约哥伦比亚大学的天文学教授。里克·谢弗是一位望远镜顾问和作者，同时也是《天文学》杂志的定期投稿人。后来，在我的研究生项目从得克萨斯转移到加州期间，帕特森成了我的导师。

在乌兰堡营地的经历是我人生中持续时间最长，也是我最喜欢的一段时光。从九岁那年在海顿天象馆的穹顶之下看到那场天空秀开始，就开启了我人生的天文学之旅。我最早的记忆是在 4 岁的时候，当时我正和妈妈、哥哥一起看电视里放的《米老鼠俱乐部》，妈妈肚子里还怀着妹妹。到了 14 岁（我在乌兰堡营地时的年龄），我热爱天文学的时光已经占据了我有认知以来人生的一半。

1973 年夏季末，我人生的基调已经定了，那时我刚从为期一个月的乌兰堡营地露营回来，带回了很多惊人的彩色天体照片。那时，我已经有了人生中第二架望远镜，也成了纽约业余天文学家协会的正式会员。这个时候，新闻报道匈牙利的天文学家卢博斯·科胡特克发现了一颗新的美丽的彗星。这颗彗星离太阳系非常远，比一般新发现的彗星要远很多。那年 12 月，这颗彗星会到达近日点，其观测亮度也会因此增加。

彗星基本上就是肮脏的冰构成的大型球体，直径可达几十英里。它们通常沿着狭长的椭圆轨道绕着太阳运行。彗星中包含着大约 50 亿年前构成行星的纯净物质。随着彗星靠近太阳，其表面的冰在不断增加的太阳辐射能作用下汽化，就像地球上干冰——固态二氧化碳的汽化一样。汽化的气体聚集在彗核周围，形成一个巨大的球形膜，叫作彗发（Coma，拉丁语的“头发”），其直径可达几百万英里。这些气体也会流入星际空间。太阳持续不断散发出的粒子流叫作太阳风，太阳风和太阳光不断给彗星的气体施加压力，把它推离彗核，于是就形成了一条“彗尾”。

一颗彗星的彗尾可以在太空中长达 1 亿英里，但无论彗星朝着哪个方向运动，其彗尾的方向总是与太阳相背。那年冬天，人们肉眼就能看到科胡特克彗星，它也是那一代人最期待的一颗彗星。

彗星到达近日点前的几个月里，我开始看到有人焦虑地在大街上强迫别人忏悔。他们声称新彗星的出现是世界末日到来的前兆，大家应该在那之前忏悔犯过的罪行。这种无视科学的荒唐说法怎么可能是真的？两年前，阿波罗 14 号的宇航员艾伦·B. 谢波德还在月球上打高尔夫球。一年前，阿波罗 17 号上的地质学家还在月球表面收集岩石。这一年，也就是 1973 年，美国国家航天局发射了星际空间探测器先驱者 11 号，它将穿过小行星带，绕过木星和土星这两颗外行星，然后完全飞离太阳系。哪怕在我这样一个头脑日渐成熟的小孩看来，大人们对技术的发展和随之而来的科学真理也不可能无知到这种地步。诚然，无知并不是一种耻辱。一旦不理性的想法和随之而来的行为填补了无知而造成的空洞，问题就会产生。我很清楚，历史上，一旦发生什么彗星到来、行星排成一列、日食月食的现象，人们就会变得不理性。比如，公元 1066 年，诺曼王朝征服英格兰，哈雷彗星[1]也恰巧在这一年到来，当时的人们几乎完全把战事归咎于彗星。好吧，那毕竟是 1000 年前的事了。我只是无法想象现代社会居然也有这样的不理智行为。我住的公寓那消失的第 13 层楼可能正体现了社会上根深蒂固的迷信思想。也许，我要先让那些因为迷信而畏惧宇宙的人了解它的法则和运行方式，再让他们见识到宇宙的美。

随着关于科胡特克彗星降临的消息传播开来，我在宇宙研究上的爱好也在我们家的远房亲戚和朋友间传开了。亲戚朋友的人际关系网为我的发展提供了各种资源。我母亲的众多表亲中，有一位叫弗朗西斯·克劳福德，她在皇后区公共图书馆工作，总是把图书馆典藏的天文学和数学书籍借给我。有位我们家的亲密老友在摄影和黑白胶片处理上有些研究，她成了我早年的第一位天文学摄影导师。我们家还有位朋友是纽约市立大学的教授，他把我介绍给

[1] 哈雷彗星是每 76.1 年环绕太阳一周的周期彗星，肉眼可以看到。

了他在纽约市立大学开放教育研讨中心讲课的同事。研讨中心给成年人提供各项继续教育，这位讲师邀请我去他的秋季课程上讲课，内容不限，只要是我感兴趣的话题和内容就行。那时候，所有人都知道科胡特克彗星，我刚在沙漠拍下了那么多天文照片，科胡特克彗星的到来又是时下的热点。于是，我欣然接受了邀请。

课上大约有 50 人，我用了将近一小时的时间向大家讲述了天文照片上的内容：从行星讲到恒星，再讲到银河系，最后我又特别讲了关于彗星的科学知识，以及我们将在那年冬天科胡特克彗星来临时看到怎样的景象。那是我人生中第一次做讲座，但我一点也不紧张，即便教室里听课学生的年龄都要比我大上两三倍，甚至四倍。对我来说，谈论宇宙就像呼吸一样自然，就像别的小孩谈论他们珍藏的棒球卡片，或者影迷谈论他们最爱的电影一样，分享我所熟知的东西再正常不过了。

3 天后，我收到了一张 50 美元的支票，邮件里还说要我再去做两场讲座。显然，这是他们给客座讲师的标准待遇。那个年代，最低时薪是 1.6 美元，当时我才过完 15

岁生日两个月。这样看来，50 美元的时薪简直不可思议，如果按照遛狗的报酬来算，我大概要遛 1000 只狗。

心情平静下来后，我突然感觉自己像个贩卖信息的卖身者。我从来没有通过分享自己已知的信息赚过钱。难道帮助和启发别人的行为属于付费劳动吗？想象一下，你帮助一个老奶奶过马路，等走到马路对面，她居然要付你钱。你帮助她又不是为了钱，你这么做只是因为这是对的事，而且帮助别人让你感到快乐。她怎么可以付你钱？当然我肯定没有把支票寄回去。虽然还是有些愧疚，但我很快明白了，传播知识与智慧和付出血汗的劳动一样，都值得得到回报。

那年冬天，科胡特克彗星到达近日点，但人们凭肉眼几乎看不到它，多数人都需要别人的提醒才能发现彗星的所在。科胡特克彗星真是令人失望。科学界也第一次知道了，沿着轨道运行了几万年，甚至几百万年的彗星（像科胡特克彗星这样的）汽化的效率不是很高，所以到达近日点的时候彗发和彗尾都很小。幸好，我不用归还讲课得到的那 50 块钱。

第二年夏天，我和国际教育探险组织一起参加了一次为期两周的旅行，目的地是基尔马丁郊区的一个小镇。小镇位于苏格兰西海岸附近，周围都是绿色的农场。在探险家俱乐部结识的教育部部长弗农·格雷的推荐下，我又得到了一次远途旅行的机会，这让我颇感惊喜。在苏格兰，我加入了一个由科学家和调查者组成的小组，和他们一起挖掘和绘制未知的史前巨石的天文排列图。这些巨石可跟巨石阵完全不同，虽然没有巨石阵有名。这次活动的经费来自美国教育部天才办公室。我的申请在全区、全市和全国的申请者中胜出，最后这个办公室给我冠上了“天才”的称号，可我时不时地对这个称号很反感。我难道天生就拥有这些知识吗？有人把知识交到我手上吗？谁会把知识像送“礼物”一样送给我？难道不是通过长期的努力，我才能学到这些知识吗？难道不是因为那些爱我并在乎我梦想的人在支持我吗？“天才”的衡量标准太过随意，以至于否定了那些努力却不够优秀的人。这个办公室应该改名为“努力学习学生办公室”，虽然这个名字不那么朗朗上口，但更加合适，而且这个名称会激励那些没有被选中的申请者更努力学习，争取下次做得更好，而不会因为才能没有被认可而自暴自弃。

我们在苏格兰调查和分析了不列颠群岛史前居民的天文学才能，两周后我就返程了。经过伦敦希思罗机场时，我看到了报纸头条上登着尼克松总统因为“水门事件”辞职的消息。一瞬间，我被打回了“现实世界”，虽然我更希望听到关于宇宙的新闻，而不是“水门事件”这样的丑闻。

我在布朗克斯科学高中上学时，当选了学校摔跤队的队长。我也是 1976 年《物理学》期刊的主编，在《数学公报与生物学》年刊的主编当中，在校学生能得到的最有名的头衔就是这个了（其神秘程度比得上其他大多数学校里的橄榄球四分卫）。我很为我编的期刊感到自豪。上面的内容主要有我在苏格兰的实地考察报告和我同学的一些原创的研究性论文。这些论文的题目有《非线性张量分析》《利用铪 -182 治疗结膜恶性黑色素瘤》和《光子火箭技术可行性的确定》。期刊封面上印有先驱者 10 号和先驱者 11 号探测器的宣传图。那是最早能够获得足够能量离开太阳系进入星际空间的太空探测器。宣传图上画着裸体男人和女人的轮廓，他们身上是各种神秘的符号，好像要告诉太空智慧生物我们在宇宙中的位置，顺带还提到了当时的科考站。期刊的最后一页上是各种物理学头脑风暴题。全书采用周期表中的元素符号序列来指定页码，真是蠢透了。期刊共有 64 页，是当时学校里印刷数量最多的杂志，比其他任何科目的期刊都要多。

高中最后一年的秋天，我申请了五所大学的入学资格，其中哈佛大学、麻省理工学院和康奈尔大学是我的三个首选。出于对申请者的礼貌，八所常青藤大学和麻省理工学院都会在每年冬季差不多过了一半时告知申请结果。结果有三种：不可能、可能以及很有希望被录取。我最先收到的是麻省理工学院的通知，那天我碰巧去拿邮件。我站在打开的邮箱前，当时一束阳光正好照射进邮件收发室的窗户，我就把信封举起来对着阳光看（好像如果急着打开，信的结果就会变糟）。当我看到“很有希望”这几个被红笔圈起来的字，我就知道我的人生即将翻开新篇章。那是我经历过的最棒的情绪转变。先是心都吊到了嗓子眼，瞬间之后又被狂喜淹没，简直激动得要落泪。

我高中的大多数时间都订阅了《科学美国人》杂志。我最喜欢读的是“作者相关”部分，因为这部分包含了投稿科学家的各种个人信息，像是他们上过的学校、他们的兴趣爱好。有位杰出的天文学家——已故的大卫·施拉姆教授，也是全国古典式摔跤冠军。所以除了我之外，至少还有一位科学家也擅长摔跤。在选择大学时，很多大学都向我抛出了橄榄枝，其中有些是在《科学美国人》杂志物理和天文学版块发表过论文的科学家的母校，于是我列了一个矩阵，把这些学校的编号都记录了下来。我还记录了这些作者在哪些大学取得了硕士和博士学位，又在哪些大学任职。哈佛大学在各个方面都胜出了，然而康奈尔大学对我的吸引力也很大，因为卡尔·萨根[1]教授在那里任职。

我第一次见到卡尔（他更喜欢别人这么叫他）是在我应邀去康奈尔大学参加入学面试的时候。我先前的申请信引起了校方的兴趣，于是招生办在我不知情的情况下，把它呈递给了卡尔·萨根。几周后，我收到了卡尔·萨根的私人信件，他邀请我去他在纽约伊萨卡康奈尔大学的一所僻静住处做客。我不禁问自己：这位就是 NBC 电视台[2]《今夜秀》节目上和约翰尼·卡森聊天的卡尔·萨根吗？就是那个写了那么多著作的卡尔·萨根？答案当然是肯定的。二月份一个雪天的下午，我如约前往康奈尔大学（后来我才知道，在冬天，伊萨卡的下午经常下雪）。卡尔非常热情，很为他人着想，也确实像我预想的那么有趣。会面结束后，他亲自开车送我去伊萨卡的公交车站，又给了我他家里的电话号码，万一汽车被大雪困住不能来了，他还可以让我留宿一晚。

[1] 美国天文学家、天体物理学家、宇宙学家、科幻作家，同时也是科普作家，“行星学会”的创办者。

[2] NBC，全称 National Broadcasting Company，美国全国广播公司。

在后来的事业生涯中，我把卡尔教授当作榜样，也像他一样亲切地对待我的学生们。可直到他过世，我也没有把这个告诉过他。

最后，我没有去康奈尔大学，因为我不忍放弃我对《科学美国人》杂志文章作者的分析。最后我去了哈佛大学，但在那之前，我的性格和勇气受到了考验。

高三这一年的初春，纽约迎来了冬季末的大降雪，整个市区的雪深达四五英寸。春季的雪一般在气温为零摄氏度以下的时候降临，有时候气温是零摄氏度或零摄氏度以上时，也会降雪。所以早春的积雪一般是湿雪，就是那种挂在细细的秃树枝上的雪，最适合捏成雪团。这天的阳光很灿烂，在新雪的映衬下更加耀眼。气温也上升到了 40 华氏度。学校没有放假，但还不如放假。在阳光的照射下，不出一天，这些雪就会全部融化。那天，包括我在内的大多数高三学生都不上课（我们逃课），加入到了全校性的打雪仗活动中。操场一边有几个学生靠着摩托车看我们，那些人出门都要穿皮夹克，上面都是金属铆钉、拉链和肩章链条。他们就是所谓的“油头”，是学校里最难对付的一群人。我不知道其他城市高中的混混有多难对付，但在布朗克斯科学高中，他们又刻薄又可怕。然而，我们打雪仗那天，这些人貌似不想惹是生非。可是那天我扔了一个很远的雪球，它在空中画出一道弧线，飞出了大概50码[1]远，然后突然像一个打偏的高尔夫球一样直直地击中了混混头子的胸口。雪球落到他胸口上，溅了他一脸，他怀里的女朋友还怔怔地看他。

真是个糟糕的意外。

一般的男人就一笑了之了，但这个混混头子立马就骂骂咧咧起来。他隔着操场冲我骂着各种脏话和种族歧视的话，一边捏紧拳头在空中挥舞着。虽然隔着雪地，声音传播效果不好，但我能清楚地听到他说，我最好今天下午别从他身边走过，乖乖滚回学校，不然就要揍我。

一小时后，打雪仗结束了，大家都玩累了，全身又湿

---

[1]1 码约合 0.91 米。

又冷，都想回各自教室休息。于是我慢悠悠地、自信满满地向学校走去，根本没有在意先前混混头子的警告。气急了的混混头子快步向大门走去，想要拦住我的去路，我却慢慢地向离大门没多远的侧门走去，于是他加快了脚步。我们相距不到 10 英尺[1]的时候，他掏出了一把随身折叠刀。刀的木质刀柄很厚，刀刃有 6 英寸长，可以像弹簧短剑一样迅速弹出来。他赶在我进校门之前拦住了我，我们之间的距离不到两英尺。我们从没挨得这么近过。我比他高出两英寸，即便他还穿着鞋底一英寸厚的摩托车皮靴，他有些惊讶。我和他面对面站着，却一点也没有退缩或表现出害怕的样子，只是一边轻微地反抗他，一边想进学校的门，这也让他有点惊讶。

于是他在刺眼的阳光下挥舞起明晃晃的刀子，阳光在我脸上投下忽明忽暗的影子。我以为这种事情只会在电影里发生或是出现在刻意编排的都市打斗场景中，比如音

[1] 1 英尺等于 12 英寸，约合 0.3 米。

乐剧《西区故事》[1]里的场景。折叠刀慢慢伸向了我的脸，距离已经不到两个刀刃的长度，他轻声说道："你居然用雪球砸我的皮夹克。"紧接着，我把大约需要15分钟思考的内容压缩到了两三秒之内。我的心理活动过程大概是这样：

时间：0–1秒

他想和我打架。

他向我挥着一把锋利的大刀，可我没有刀。

我是摔跤队的队长，我块头比他大。

我可能反应速度也比他快，我还学过武术。

我也许可以打掉他的刀，把他按在地上。

可如果他打输了，他会更生气。

[1] 百老汇歌剧，讲述了西区的两大帮派经常在街头械斗，其中一个帮派首领的朋友托尼与另一个帮派首领的妹妹玛丽亚相爱，最后双方首领大决斗造成了悲剧，托尼惨死。

时间：1–2 秒

今年年底之前他的伙伴们一定会替他报仇。

我会在担惊受怕中度过我高中的最后几个月。

要是我没能打掉他的刀怎么办？

我可能会被严重割伤，甚至送命，虽然这个概率非常小。

如果我们打架，我可能失去的比他可能得到的多太多了。

我理想中的哈佛大学已经批准了我的入学申请。

我要一辈子研究天文学。

时间：2–3 秒

自尊和男子气概并不能决定我是谁。

毕竟，是我的雪球砸中了他。

圣雄甘地[1]和马丁·路德·金[2]主张非暴力。

[1] 莫罕达斯·卡拉姆昌德·甘地，尊称“圣雄甘地”，印度民族解放运动的领导人、印度国民大会党领袖。

[2] 非裔美国人，牧师、社会活动家、民权主义者，美国民权运动领袖。

如果我认怂不和他打，他就不会和我打。

既然不和我打，他也会放下刀。

于是我就像电脑输出一连串程序一样突然开口真诚地说：“很抱歉，我用雪球砸了你，我不是故意的，我再也不会这么做了。”

我和他在沉默中对视了几秒后，他把刀子收回去放进了口袋，转身走向了他的摩托车。我静静地走进了学校的侧门回到了教室，总算挽救了我的生命、自尊和未来。

壮年

广泛的正规教育可以给一个人的启迪带来巨大的价值，关于这一点，我可以写很多很多。但如果你涉猎足够广泛，又会发现一个双重标准。在鸡尾酒派对上，如果有人谈到了19世纪晚期的文学[1]、巴洛克音乐，或是文艺复兴时期的艺术，人们会觉得这样的人很“博学”。但如果有人谈到了强子超级对撞机、水坝的流体力学或是氢燃料电池的新兴市场，人们会觉得他是个“怪咖”。没人会对

[1] 19世纪晚期的文学呈多元化，包括批判现实主义文学（主潮）、自然主义文学、巴黎公社文学、非理性的具有现代特征的形式主义文学等。

承认“我数学一向不好”的人抱有成见。人们接受这样的说法，甚至为说了这样的话自嘲一番。但如果有人说“我一向不怎么了解名词和动词”或是“书本上的字太多了”，你再看看其他人的反应。我偶尔（虽然是开玩笑的）会因为不认识莎士比亚戏剧里的人物或总统内阁的官员而受到嘲笑。先不管这些双重标准，我发现，我所知道的理科之外的知识肯定比那些非理科专业的人知道的科学知识要多得多。

在布朗克斯科学高中的时候，学校的大环境培养的是逻辑和分析性的思维，所以我觉得正规教育中的文科科目不过是用来满足我在学业上的好奇心罢了。因此，后来在非理科学科上的训练让我受益匪浅，特别是在上大学的时候，当时我有一半课程都不是我专注的理科学科。而这一切都始于我大一时选的一门叫“人文科学”的课。在那一整年关于艺术和设计的学习中，我不只学习了知识，还亲身实践了。

从那之后，我整个人都改变了。

上课的地点是哈佛卡朋特视觉艺术中心的一个工作

室。卡朋特视觉艺术中心是勒·柯布西耶设计的一个超现实建筑，也是他在西半球的唯一作品。上课的老师是路易斯·巴坎诺斯基。他是剑桥七人公司的创始人之一，那是马萨诸塞州剑桥市的一家著名的建筑和设计公司。一切就绪，我已经准备好接受挑战了。

九月初，我们开始学素描，这是教学大纲的第一课。老师先用录音机播放了各种类型的音乐，然后让我们画出音乐中的力。不好意思，你要我做什么？力不就是 $E=mc^2$，$E=\frac{1}{2}mv^2$,$E=mgh$ 或者 $E=Gm_Am_B/r$ 吗？力不是什么你可以一边听音乐一边画出来的东西。科学的一个标志就是语言和概念的准确性。这种要求就是在浪费我的时间和学费，当然也在浪费我的精力。

九月中旬，我们开始画裸体。这比画音乐什么的有趣多了，虽然我并不觉得人体有多美，特别是跟那些真正曼妙的身姿比起来。到了九月末，我们开始画各种堆在画室前的物品，像是石椅、帷帘、球体、储物柜这类你可以在某个阁楼上看到的东西。

十月，我们开始画一堆皱巴巴的南瓜。等到了月末，我肯定已经画了 1000 只南瓜。我变得越来越顺手也越来越专注，画得越来越好了，后来，我连做梦都能梦到南瓜。这门课进行得很顺利，直到老师说：“别画南瓜了，画南瓜之间的空间。”那一刻，我的大脑一片空白。

一整个月都在围着南瓜转，可突然间，要画的东西成了南瓜以外的空间，我还要把我之前赋予南瓜的意义和存在感赋予这个空间。在老师看来，我肯定歪着脑袋一脸茫然，像极了一只听到了尖叫声的狗。

最后，我竟然变得非常擅长画物体之间的空间。我看待世界的眼光完全不一样了。我的世界一夜之间发生了巨变：一个充满化学和物理事物的世界里又填充进了好多形状和形态。我打破了一个我从没感知到的逻辑箱子。从那以后，我开始拥抱一切抽象的语言表达和词汇的创造性应用。我开始不断洞悉艺术、文学、音乐和人类社会。我鼓励世界上的文科学者能在逻辑领域并肩同行。一个人需要文理科兼善，才能在这个真实的世界上驰骋。

在哈佛读书的时候，我们班里有很多名人的孩子，其中要数卡罗琳·肯尼迪[1]和她的已故的表亲迈克尔·肯尼迪最有名。哈佛的学生中很多都是富豪和政治精英之后，我宿舍的一位好朋友的父亲是波多黎各总督。大二时，我所在摔跤队队长的父亲是众议院的发言人。还有一个同学来自缅因州的一个小镇，小镇的名字就是他的姓氏。

但我却对这些不以为意。

很多，或者说大多数人来哈佛是为了像他们的父辈一样上常春藤盟校，而我只把上大学当作成为科学家之路上的一站，不为别的。我不参加足球赛、学生抗议游行（要求哈佛从那些参与南非种族隔离的公司撤资）和社会活动。不过，马友友[2]上大四的时候来我们宿舍的公共休息室演奏大提琴，我承认我当时确实喊了四五遍"马友友别来了"。

哈佛传统中少数的一些东西倒是在我的人生中留下了印记。大一的时候，我住在学校，马萨诸塞大道通往哈佛

[1]美国第35任总统约翰·肯尼迪和第一夫人杰奎琳·肯尼迪的女儿。

[2]华裔美籍大提琴演奏家，毕业于哈佛大学、茱莉亚音乐学院。

校园的路上有很多布满常春藤的拱门，其中一扇拱门上刻着两行字。你走过拱门前往校园时，可以看到门上刻着“入学是为了增长知识”。三年后，我离开校园，发现了拱门另一面的字，字迹已经快看不清了，上面写着“毕业是为了更好地服务国家和人民”。

给我带来深远影响的导师越来越多。我在得克萨斯大学奥斯汀分校攻读天文学硕士学位的时候，几乎每学期都在做助教。这个安排满足了我、学校和学生的三方需求。我有资格申请到州内学费[1]，学校天文学部需要人帮忙管理和运行实验室，以及协助教授天文学入门课程（得克萨斯大学拥有国内最大规模的天文学课程体系）。在这个过程中，我从学校教授那里学到了一些授课技巧。

没有多少教授真正在意参加他们讲座的学生是不是完全听懂了。要达到让学生完全听懂的效果，他们需要具备

[1] 美国公立大学学费分为州内学费和州外学费两种，州内学费可比州外学费便宜一半甚至更多。来自本州的学生可以申请州内学费。

一定的敏感度，他们得要知道学生可能会如何曲解授课内容。做了弗兰克·N. 巴什教授的助教后，我自己的授课方式也得到了提升。他是我所知的唯一一个能把知识灌输到学生脑子里，而不是照着教学大纲和板书教课的老师。他的考试没有选择题，所以作为评分者，我的工作量就很大了。他很看重适定科学问题中固有的语言逻辑。每次天文学入门课程结束后，学生们就知道了该如何去思考身边的物理现象。上了巴什教授的课，学生即便成绩得了 C，也会说这门课是他们上过的最好的课，而我从没见过其他的课程也这样。我后来成了一个更好的老师、教授和教育者，这都要归功于和巴什教授共事的日子。几年后，我和他都成了美国天文学会的董事会成员，那是美国天文学家的专业组织。

撰写硕士毕业论文的时候，杰勒德·德沃库勒[1]教授是我的一位论文导师。他是最后的旧时代科学家之一。他懂俄语、德语、法语和一点拉丁语，所以他能研读各种古

[1] 法国天文学家。

老的、未经翻译的科学书籍。他了解所有他学科领域的著作，也是我认识的最挑剔的科学家。我的硕士论文手稿有130页，他在每页上都写了四五条评论、建议和批评，其他老师一般都只在每章上做四五条标记。在我看来，杰勒德·德沃库勒教授带有一种非同寻常的耐心、细致与对待科学坚定的态度。不要因为想法太大就不去探索，也不要因为细节太小就不去耗费时间研究。德沃库勒教授就像珍贵的斯特拉迪瓦里小提琴一样，这世上恐怕再也不会有他这样的学者了。

我还选了约翰·阿奇博尔德·惠勒[1]教授的课。人们普遍认为，是他创造了“黑洞”这个词。宇宙中的一团物质崩塌了，就会吞噬周围宇宙其他部分的空间和时间，这就是黑洞。作为阿尔伯特·爱因斯坦的学生，尽管惠勒教授知识渊博，但他在自然面前仍保持谦卑，就好像自然法则是人人都要攀爬的梯子。我们都站在梯子之下，测量着它的重量，估算着爬上它的难度。惠勒对自己所知的保持

[1]美国物理学家、物理学思想家和物理学教育家。

谦卑，也坦诚面对自己未知的，所以他很快就能承认自己的错误。他上研究生物理课时总在口袋里装着一些钱。如果你能指出黑板上的一个错误，他就会暂停上课，当场给你 1 便士。保持谦卑，敢于承认错误，我们都该明白这些深刻却简单的道理，这些品质在杰出的科学家身上更显得弥足珍贵。

在惠勒教授的广义相对论课上，我还遇到了我未来的妻子，当时她是一名物理学专业的研究生。

我当助教的时候，每个月大概要寄回家 6000 美元，还要为一个只有一张床的小公寓支付 400 美元的房租，所以我每天的生活费只有三四美元。这样紧巴巴的预算在很大程度上限制了我的饮食。我只能吃些意大利面、米饭、豆子、带骨猪颈肉、鸡蛋、吞拿鱼罐头、面包和芝士这样的便宜食物。尽管如此，每天放学之后，我还保持着运动的习惯，很快，3 美元的伙食费就无法满足我对卡路里的需求了。不知不觉中，我竟然变瘦了，这在我的人生中还是头一回。

我得再找一份工作。

不知道为什么，我最先想到的工作就是去附近的一个仅接待女性的夜总会里当脱衣舞男。夜总会就在我的住处和奥斯汀市中心之间，距离我住的地方只有 1 英里。以我这样的体型（身高 6.2 英尺，体重 190 磅[1]），我还算灵活。上大学时，我在两次聚会上跳过舞。我的身材也不错，曾和全美大学体育协会代表队的队员摔过跤。我可以轻易地做出一些灵活的动作，像是完全坐成全莲花座[2]、在两腿完全站直的情况下两个手掌着地。因为参加过训练，我也可以完成一些劈叉之类的高难度动作。我可以在坐着的时候把一只脚放到脑袋后面，还可以站着把一只脚高举过头顶，我还可以以垂直的方式把身子反向卷起来，直到脚跟碰到后脑勺。据我所知，俱乐部里身体柔软的脱衣舞者比那些身体僵硬的跳得好。

---

[1] 1 磅约合 0.45 千克。

[2] 常见的瑜伽体式。这应该是瑜伽中最放松的姿势之一，被所有瑜伽练习者推荐为调息和冥想时的极佳体式。

我想我可以每周去夜总会工作一两次来多赚些生活费。在所有可以快速赚到钱的合法途径中，从献血到捐献精子，我对去夜总会跳舞最感兴趣。一天晚上，我决定去夜总会看看舞台流程的细节以及脱衣舞男是怎么跳舞的。除了不停地扭胯，其中有一项是要求所有的女性舞者只穿丁字裤，但那不是一般的丁字裤。裤子的面料是石棉，浸满了可燃液体。一旦点燃丁字裤，没错，一旦点燃之后，舞者就会立刻跳上舞台，随着杰瑞・李・刘易斯 1958 年的热门歌曲《大火球》摇起屁股和胯部。

我在台下故作镇定地想："我还是去当数学老师吧。"

让自己的裤裆着火更像是一种走投无路之下才会选择的赚钱方式，而不是跳舞的需要。于是，我选择通过一个大学组织去给本科生教数学和物理，这样既保证了我有源源不断的生源，又能不停地赚到钱。

这段（不存在的）经历确实让我有点尴尬。我应该在去夜总会之前就知道当家教才是正确的选择。

上大学的时候，我每周都志愿去一个处于一级警戒的监狱教犯人数学。他们想在牢里学习，以取得高中毕业生同等学力证书。这所监狱就是位于马萨诸塞州沃波尔附近的沃波尔州立监狱。监狱里的 10 号牢房是死囚区，里面有一把电椅。我的一个犯人“学生”之前一直在入室抢劫，已经进过一次监狱。他的名字叫卡洛斯，很快他就给我展示了他身上那些枪眼疤痕，他因抢劫商店被当地警察射了几枪，之后才被逮捕。做普通教育水平的试卷时，他阅读部分做得还行，但数学很差。他需要有人教他分数和算术运算。那几周去监狱教书的经历完全改变了我对监狱和犯人的看法。

经过一个足以检测到牙齿填充物的磁力计后，我还要通过一道道双面都上了钢板的门，门后还有一面加固的水泥墙。通过那道墙的走廊完全暴露在警察的警戒塔之下。警卫可以通过走廊上方的大洞看到这里的一切。连狱警们戴着的领带夹都是微型珠宝手铐。对猥亵犯和强奸犯来说，主楼层尤其不安全，因为在重刑犯中有一个等级制度，犯人可能会受到尊重，也可能成为其他人的出气筒。在这个被抛弃的社会里，杀死妻子或出轨女朋友的罪犯处于最高等级。抢劫银行和商店的犯人紧随其后，特别是有袭击保安和武装人员情节的。等级最低的是那些猥亵儿童、强奸他人以及伤害手无寸铁、无力反抗之人的罪犯。监狱里很快会对这些犯人进行二次审判和处决，狱警也不会保护他们。比如说，2002 年，一个叫作约翰·吉欧根的罗马天主教神父因为强奸一名儿童被捕入狱，但在那之前，他就因为猥亵了 130 名儿童被起诉。我在听说了他的双重罪行后，便开始计算他还能在监狱里活几天。虽然被关在有特殊保护的监狱里，但 7 个月后，吉欧根还是被一个已经被判终身监禁的狱友塞住嘴绑起来勒死了。

在这个拥有其自身规则的平行宇宙里，卡洛斯在犯人里的等级还算高的。我非常了解他。那时我 19 岁，而他大概 20 多岁，接近 30 岁，虽然他看起来比我年轻。他气色很好，很显年轻，有一双鹰一般锐利的眼睛。他身高只有 5.7 英尺，作为一个街头恶棍，这样的身高貌似矮了点，但他的谈吐很粗鲁，操着一口浓重的城市口音。我怀疑“卡洛斯”不是他的真名，因为我可以在他身上发现一点儿拉丁美洲的口音、举止特点或文化的痕迹。虽然我没有证据，但我敢打赌他选“卡洛斯”这个名字不过是为了让自己显得更强悍一点。在课间或偶尔空闲的时间里，我们也常常闲聊。我发现他会弹吉他，而且很喜欢流行爵士乐。他最喜欢的唱片是马文·盖伊[1]的经典《怎么了》，这碰巧也是我最喜欢的唱片之一。那张黑胶唱片发布于1971年，是同类专辑的先锋，唱片双面都录有一系列呼吁和平、社会公平、爱与和解的歌曲。

教另一类犯人则根本没有成效，他们要么是死刑犯，要么被判了终身监禁，永远得不到保释的机会。他们大多只想找个能陪他们下棋聊天的人，其中很多人的家人早就已经放弃了他们。然而，我遇到过的几个终身监禁的犯人都培养了一些不错的爱好。一个喜欢种植物，一个喜欢养金鱼，还有一个在写他的自传。一个杀人犯竟然在牢房里养金鱼，这种奇异的反差打动了我。我当时还年轻，难免会质疑他们这样的行为，但与我想的恰恰相反，即便这些人杀过人，即便已经不可能回归社会，他们确实还保留着

[1] 美国摩城唱片公司著名歌手、曲作者，有“摩城王子”之称，对许多灵魂歌手都有巨大影响，可以说是黑人流行音乐史上一个受人喜爱及敬重的超级巨星。

一丝生活的礼仪和品质。这一点确实难能可贵，我发誓，我愿意多缴一点税让死刑犯们活着，而不是给处以死刑。

我们可能永远不会理解那些被社会抛弃的人，但至少在很短的一段时间里，我靠近了他们，看到了罪责和刑罚之下那一点微弱的理想和人性之光。有时候，我需要告诉自己，虽然我一直用科学的眼光研究星星，并在这方面有所建树，但充满诗意的星辰永远是人们梦想的寄托。

晚年

20 世纪 90 年代，我们有幸见证了几颗著名彗星的降临，其中包括苏梅克－列维九号彗星[1]。虽然颇具争议，但人们普遍认为它是历史上最有名的彗星。它名气这么大并不是因为它有多亮，或是有多少诗人受到它的启发创作出了传世之作，而是因为它短暂而壮观的与木星的碰撞。木星的质量大约是地球的 300 倍，直径大约是地球的 10 倍，是太阳系中最难吸引彗星的行星。在人们庆祝阿波罗 11 号飞船成功登陆月球 25 周年的那几周里，苏梅克－列

[1] 1994 年 7 月 17 日 4 时 15 分，苏梅克－列维九号彗星与木星相撞。这次撞击也是人们首次直接观测到太阳系内的天体撞击。

维九号彗星在接近木星的时候裂成了二十几块碎片，陆续坠入了木星的大气层。由于木星的自转速度极快（每十小时一次），受到大气层旋转偏向力的影响，每块碎片都落到了木星表面的不同地点。我们在地球上用普通的家用望远镜就能观察到木星上的因为彗星碎片撞击留下的气态坑洞。

这场星际台球游戏中，到目前为止，最危险的是长周期彗星，也就是运行周期超过 200 年的彗星。长周期彗星撞击地球的可能性占到了所有可能撞击地球的地外物体的 1/4。这类彗星从很远的地方冲进太阳系内部，撞向地球时，其时速可达每小时 10 万英里。这个速度相当于在 90 秒内从纽约飞到洛杉矶。彗星的体积比小行星大，因此，长周期彗星撞击地球会造成比小行星大得多的冲击力。更重要的是，大多数情况下，长周期彗星在其运行轨道上十分晦暗，难以追踪。等到我们发现有长周期彗星撞向地球，所剩的时间可能只有几个月了，我们必须在这么短的时间内投资、设计、建造并发射一个拦截器以拯救地球和地球上所有的生命。

举个例子，1996 年，日本业余天文学家百武裕司在用三脚架巨型双筒望远镜观测天空时发现了一颗彗星。太阳系中的彗星探测器比太空中的任何其他地方都要多，世界各地发射的探测器都聚集在一个地带，检测着太阳系的整个平面。经过缜密的考量，在这个平面上可以检测到行星、小行星的运动。很多绕着太阳运动的彗星也会靠近这个平面。然而，百武彗星在高于这个平面 90 度的位置像一枚战斧式巡航导弹[1]一样向我们飞来，没有人注意到它。接近太阳的时候，彗星的速度会变得非常快，但是从地球上看，它就像个天空中若隐若现的点，以一个稳定的速度运动着。这就好像我们看到一架在远处飞行的飞机，尽管它的时速已经达到了每小时 600 英里，但在地上的人看来，飞机不过在头顶缓慢飞过。

如果是亮度高的彗星，一般在它们能被肉眼看到前的一年，人们就开始大肆宣传起来，但在百武彗星被发现后，距离它到达地球最近点已经只剩三个月。到时候，百

[1] 即 BGM-109 巡航导弹，是美国研制的一种多用途巡航导弹。

武彗星与地球的距离仅有 1000 万英里，是史上彗星距地球最近的距离之一。由于距离非常近，这颗彗星在夜空中显得格外大、格外显眼。即便身处空气污染严重的纽约时代广场，你也能（用肉眼）看到它。这次百武彗星的光临可谓弥补了 70 年代科胡特克彗星和 80 年代哈雷彗星造成的遗憾，被誉为“一生一次”的奇景。

在 1994 年苏梅克－列维九号彗星撞击木星大气层后，另一颗万众期待的彗星也即将到达近日点。两年前，天文学家艾伦·海尔和业余天文学家托马斯·波普发现了海尔－波普彗星，当时，这颗彗星距离地球还很远，比以往发现的彗星都要远。我们知道海尔－波普彗星肯定是颗大彗星，因为我们在它离太阳系还很远的时候就发现了它，但它的亮度又会如何呢？经过调查研究，这颗彗星的彗核直径超过了 20 英里，是迄今为止最大的彗星。随着海尔－波普彗星不断接近地球和太阳，它变得越来越亮，也成了“一生一次”的奇观。海尔－波普彗星打破了至今为止最亮且可肉眼观测时间最长的彗星的纪录。

在海尔－波普彗星接近地球的那几个月里，有天傍晚，我正巧从纽约飞往洛杉矶。飞机正位于 3.7 万英尺的高空，我透过飞机舷窗向外望去，看到了海尔－波普彗星。它就那样静静地悬在黄昏的天空中，那么耀眼，那么美丽。这架一日航班一路追随着西边的落日，但即便以每小时 600 英里的速度飞行，飞机也赶不上“地球的速度”，因为在洛杉矶所在的纬度上，地球自转速度约有每小时 900 英里。尽管如此，飞机的高速飞行仍足以延长我们欣赏暮色下彗星奇景的时间。

我被海尔－波普彗星的美丽景象深深打动，不禁想和这架波音 767 飞机上的 200 个乘客分享我的喜悦。机长向来喜欢用各种通知打破机舱里沉闷的气氛，我想，通过他向大家表达我的看法会是最好的选择。于是我悄悄地写下了一些关于彗星的天马行空的话语。除了写海尔－波普彗星是在何时被如何发现的，我还冒险写了一两点关于世界末日的知识。比如说，彗星比小行星大得多，6500 万年前，恐龙的灭绝就是因为彗星撞击了地球。如果海尔－波普撞击了地球，人类也会面临世界末日。海尔－波普彗星进入地球大气层后，首先，它会引起一阵强大的冲击波，其周围 10 万平方米内的植被都会化为灰烬。接着，它会撞向地壳，像碾死虫子一样压死地表下的一切生物。最后，它会留下一个直径为 400 英里的陨石坑。从它接触地球最外层的大气层到形成陨石坑，这个过程只需要 10 秒时间。形成陨石坑会激起万亿吨尘土，这些尘土会进入到平流层，地球会陷入一片黑暗，河流也不复存在，90% 的生物都会灭绝。

写完这张纸条，我又附上了两张名片，一张上印着的头衔是海顿天象馆的馆长，另一张上的是普林斯顿大学的天体物理学家。我按响了服务按钮，把折叠整齐的纸条递给了乘务员，并对她说："请把这个给机长。"也不知道为什么，我觉得这么做真是太好笑了，就好像偷偷给一个银行柜员递了一张保证什么也不会发生的纸条。

不出所料，大约 5 分钟后，机长发布了一个所有乘客都能听到的通知，说有个天文学家在飞机上，他想和大家分享一些关于海尔 - 波普彗星的信息。机组人员的一项工作就是要保证乘客的安全，当然，一般也要确保他们保持镇定。因此，当机长大声读出我写在纸条上的内容时，我既高兴又意外，他竟然连彗星撞地球引起世界末日的那部分也读了。显然，大家都对纸条上的内容很感兴趣，于是乘务员向我走来，邀请我去头等舱，而后给我递上了一小杯香槟和一个冰激凌圣代。14 岁之后，我还没有因为愿意和大家分享宇宙知识而得到过意外的服务，并且还喝到了香槟。

多数情况下，我总是和我的学生（从初中生到大学生）或普通大众一起参加教学活动。我不常有机会和其他老师探讨知识，虽然我再乐意不过了。老师们不仅是热情友善的一群人，他们还汇集成了国家的智囊团。他们一直奋斗在学科前沿，而我们这样的普通人却只会在家里拿着电视遥控器，嘴里不停抱怨着教育系统的现状。这个国家的老师普遍不会受到大众的感激和尊重，收入不高，他们的教学水平也参差不齐。

1998 年，在华盛顿特区举办了杰出数学和科学教师总统奖颁奖典礼，主办方邀请我去发表主题演讲，我欣然接受了。我十分乐意为这些杰出的小学老师效劳。那天晚上，我随身带上了自己写的《尼尔的校园时光》，因为我要向大家讲述一两件我学生时代的事，这本书可以给我提供点材料。

还在上幼儿园的时候，每周我们都要度过一段艺术创作的时光。不管小孩子画的是什么，他们的画作都会被磁铁吸在家里的冰箱门上。我画的是夜空的景象，用黑色蜡笔涂了夜空的背景（那些年，我一直都不知道该拿那支叫作“闪闪”的粉色蜡笔画什么）。看到了我的创作后，老师友善地提醒我应该要把夜空涂成深蓝色，但我没有改变主意，这让老师很伤脑筋。两天后，在仔细研究了这个问题之后，老师终于承认夜空确实是黑色的。那是我第一次发现老师说错了，而我是对的，老师犯错可比老师不知道要严重多了。我以为这种事情在我上初中前不会再发生了，可事实并非如此。

我五年级的地理考试卷上有这样两道题，第一道题是：“世界上最小的大陆是哪个？”这个问题我答对了，答案是澳大利亚。接下来的一道题是：“最小的大陆在哪个半球？”我写了南半球，但这个答案是错的，“正确”答案是东半球。看来出这道题的老师永远也不会获得杰出教师总统奖。

参加颁奖典礼的每个人，以及每个曾做过学生的人都曾遇到过给他们带去深远影响的老师。这些老师拥有能激发人好奇心的无与伦比的魔力。依我看，最没有水准的老师才会向别人展示班里最聪明的学生，还说他们的成功离不开自己的谆谆教导。所谓最聪明的学生就是那些全科拿A，还得了所有科学竞赛的冠军的学生。这在逻辑上根本说不通。虽然那些老师称自己培养了这么好的学生，但其实没有老师的帮助，拿全科A的学生也能做到这些。老师教得好还是教得不好，对这些学生来说根本无关紧要。既然你能拿到全科A，那么你的成绩和哪个老师教你并没有什么关系。在我看来，最有魅力的老师是那些帮助考试不及格的学生拿到及格分的老师，或是激励成绩是C的学生拿到B的老师，还有那些激起学生学习课外知识兴趣的老师。如果对学习没有兴趣和动力，学生就会变成学习机器，学习的乐趣荡然无存，对他们来说，成绩的重要性超过了培养洞察力和追求理想。

不管你是谁，有人能支持你的兴趣爱好总是件好事，而一般家人朋友给你的支持都是现成的。不管怎样，当你还未足够发掘你的潜力时，这些支持来得正当其时。家人朋友往往因为爱你就过分夸奖你的才能，即便这些才能可能十分薄弱，且毫无竞争力。可这会让你在“任人唯贤”的社会中处于劣势，毕竟我们所处的社会就是这样。当你遇到这种情况，你可能会受到蒙蔽，你通过努力得到的和你觉得你应该得到的这两者之间会出现偏差。因此我们不能过分看重这种亲人朋友给你的“现实评估”。我的父亲西里尔·德格拉斯·泰森和我的母亲逊奇塔·费利西娅诺·泰森都从来没有接受过正规的数学、科学教育和技术培训，但我父亲是个社会学家，我母亲在抚养大孩子后又重返校园取得了老年大学的硕士文凭。他们从事政治和社会工作，都给我做出了良好的榜样，但他们没有直接给我一个从事科学研究的契机。

知道了这一点后，接下来他们做的最正确的事就是培养我在科学方面的爱好。

我的妈妈肯定是第一个“足球妈妈”，只是她陪我参与的活动不是放学后去踢足球，而是放学后研究天文学。我会拖着我的望远镜、相机和其他观测配件，带上我的父母（有时候他们两个都来，有时候只有其中一个来）一起从车里进进出出，在楼里跑上跑下，不停地进出观测场地，不断地往返图书馆。这一切都是为了支持我的天文学爱好。我难以忘记，七年级做土星台灯的时候，我和妈妈在一个下午开车去了至少六家五金店，只为买到做台灯必须用的、但不常见的用来穿过木球的电线管。

不仅如此，多数情况下，我们都会在周末去参观城里的一个博物馆。我父母也总是替我买便宜的数学和科学读物。他们本可以不培养我的这些爱好，他们拒绝过我的很多请求，但是如果他们不培养这些可以促进我智力发展的爱好，我就会很难对自己所学的知识作出评估，我也会失去评价自我的能力。而正是这种能力让我知道人们何时低估了我的能力，相对地，我也能知道我在什么时候受到了无故的夸奖。

我的父母从没有告诉过我要去什么地方或是学什么知识，所以我人生的志向就和太空一样纯粹。直至今日，我的父母依然在我心目中是最温暖贴心的父母。我去过那么多地方，遇到过那么多难题，经历过无数的考验，但毫无疑问，我父母对我的指导、支持和关爱一直陪伴在我身边。

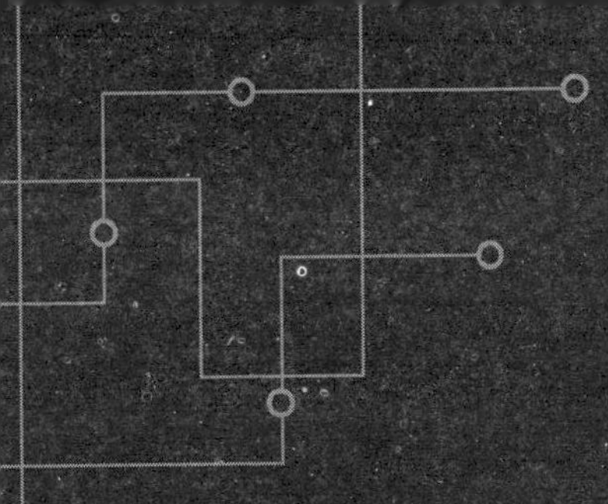

2 太空，最后的界限

SPACE, THE FINAL FRONTIER

有很多人对“如今的年轻人”彻底失去了希望，如果你也是其中之一，那么不仅你是这样，其他的时空里也有像你一样的人。

1994 年 7 月，距离我博士毕业已有三年，我刚刚成为海顿天象馆的兼职科学工作者，同时我也是普林斯顿大学的教授。当时，我受邀向宇航员纪念基金会（AMF）的几百名航天事业支持者做主题演讲。基金会位于佛罗里达的肯尼迪航天中心。此次活动是为了纪念阿波罗 11 号发射 25 周年及宇航员纪念基金会在肯尼迪航天中心成立。我是基金会的十几位董事会成员之一，其他成员还有几位格鲁门公司[1]和洛克希德公司[2]的高管，一些佛罗里达州的名人，以及一两位曾驾驶阿波罗号飞船和其他航天飞船的宇航员。

[1] 2004 年，诺斯洛普公司收购格鲁门公司后组成诺斯洛普·格鲁门公司。这家公司是世界第四大军工生产厂商（2007 年）、世界上最大的雷达制造商和最大的海军船只制造商。

[2] 世界第一大国防承包商，洛克希德·马丁公司的前身。

航天事业的兴衰与佛罗里达的工业和文化息息相关。在很多分散在佛罗里达“太空海岸”的当地旅馆里，大堂和房间的电视上都有 24 小时不间断播放的美国国家航空航天局有线电视频道。当地报纸也经常报道国家航空航天局的政策措施、供资趋势以及所有关于航天发射的事件，小到一颗小型气象卫星的发射，大到航天飞机的升空。不知怎么的，我有点担心我的主题演讲，因为台下观众眼中的宇宙和我眼里的宇宙非常不同。历史上，在我的出生地——美国东北部地区，国家航空航天局的存在感很低。那里没有主要研究航天的大学，没有发射中心，也没有航天技术博物馆。

探索太空的事业渐渐对这个国家、这个世界和全人类越来越重要。虽然我年少的时候正巧赶上国家航空航天局的水星计划[1]、双子座计划[2]和阿波罗计划[3]，但这些事

[1] 美国第一个载人航天计划。

[2] 美国第二个载人航天计划，计划实施于水星计划和阿波罗计划之间，1965 年至 1966 年共有 10 次载人飞行。

[3] 又称阿波罗工程，是美国从 1961 年到 1972 年组织实施的一系列载人登月飞行任务。目的是实现载人登月飞行和人对月球的实地考察，为载人行星飞行和探测进行技术准备，它是世界航天史上具有划时代意义的伟大成就。

并没有对我的志向产生什么大的影响。我在电视上看到了被送上太空的宇航员。他们多是空军飞行员，来自各个部队。整个航天员团队里没有女性，被选中的男性都必须留平头。与此同时，宣扬20世纪60年代爱与非暴力精神的音乐剧《头发》在百老汇上演了1750场。不仅如此，美国国家航空航天局的宇航员似乎都是因为具有钢铁般的意志和不流露感情的特质才被选中的。据我所知，美国的航天计划不是要探索宇宙，而是要通过征服太空来获得军事优势。这对见多识广的大人来说当然不是什么秘密，但我却需要一些时间才能发现这个事实。在演讲过程中，我尽可能找一些有意思的话题与台下这些航天爱好者和教育者分享，接着，我又提到了苏梅克－列维九号彗星撞击木星，以此警示美国航天计划可以（或许应该）投资开发新项目。

虽然我有点疑虑，但我首先要承认航天计划最能激发人们的前瞻性思考和对未来的憧憬。但这里存在着一个根本的区别。在20世纪60年代，我们都很期待未来的技术。大家想着：一些年之后，我们就能喝着果珍、坐着微型车和单轨电车，偶尔还能去月球基地度假。过去我们对未来充满天马行空的想象，可今天，人们已经不会在茶余饭后幻想触手可及的未来。

我还记得阿波罗 11 号的宇航员登上月球的那天，那时是夏天，我正和一个对我影响很大的童年好友菲利普·布兰福德一起拜访他在弗吉尼亚的亲戚。登陆月球当然是科技史上的一件大事，但 10 岁的我好像对此不以为意。我不是觉得这个人类历史上划时代的事件不重要，我只是单纯地相信，未来可能每个月都会有人登上月球。不断向前发展的航天计划一个比一个雄心勃勃，显然，这样的未来并不遥远。当然，还有斯坦利·库布里克执导的科幻电影《2001 太空漫游》里展现的太空站和月球基地。当你把这些都加起来看，月球之旅不就近在眼前了吗？

我当时并不知道阿波罗计划就是我们探索靠近地球轨道之外宇宙的最后一步了，以后再也没有更进一步的发展。回想起来，我现在有点后悔没有在 1969 年 7 月 20 日表现得激动些。我应该在登月的那一刻表现得好像这就是人类历史上仅有的一次壮举。

先不谈登月和科幻电影展现的奇幻冒险，航天计划的资金流最初是由国防驱动的。实现探索宇宙的梦想和人类与生俱来的对未知前沿的渴望，远没有投资1000亿美元把登月当作打败一个冷战中的敌人的证据，以及完成一个深受人民喜爱却遭到刺杀的总统的命令有效。也许美国需要一个新的敌对帝国来刺激它源源不断地向国防和航天工业提供资金。

但如果我们对“防御”这个词换一种解读，它带给我们的意义可比常备军和武器库重要得多。假设防御指的不是防御政治边界，而是保护人类自身不受到外来伤害。关于生死存亡，这里有一个现成的警示。苏梅克－列维九号彗星撞击木星的大气层时，它释放了相当于20万兆吨三硝基甲苯[1]爆炸的能量，其威力相当于在广岛投放的原子弹的10万亿倍。这种规模的撞击，如果发生在地球上，短时间内就能造成人类的灭绝。

如果我们把“保卫人类”作为航天计划的主题，那么

[1] 即TNT，一种烈性炸药，又称黄色炸药，威力巨大但性质相对稳定，使用广泛。

我们就可以和今天的孩子们讲述真正的未来远景（比微型车和单轨更棒）。他们可以为保护人类的生命而奋斗。首先，我们要充分了解地球的气候和生态系统，把自身灭亡的风险降到最低。其次，我们必须尽可能开拓宇宙生存空间，这可以在很大程度上避免地球遭受彗星或小行星撞击时人类彻底灭绝。如果人类灭绝了，我们哪还有机会未雨绸缪？

我们已有大量已灭绝生物的化石资料，那些生物存在的时间可比现今从智人时期[1]进化而来的人类长得多。恐龙就属于已灭绝的生物。苏梅克－列维九号彗星的体积如此之大，运行速度又如此之快，其撞击木星产生的能量堪比6500万年前恐龙灭绝时小行星撞击地球的能量。不管木星经受了怎样的灾难，可以肯定的是：如果木星也有恐龙，它们早已消失殆尽。

恐龙的灭绝是因为它们没有灵活的可折叠拇指和强大的智力来开发航天计划。如果人类灭绝，不是因为我们没

[1] 智人时期是人类进化史的晚期，这个时期的人类除有某些原始性之外，和现代人很相似。

有智慧来建造星际宇宙飞船，而是因为人类自身不愿投资这项自救项目，这对宇宙的生命史来说将是空前的巨大损失。等到世界末日之后，代替我们主宰世界的生物也许会疑惑：为什么人类也不比恐龙聪明？恐龙的大脑可比人类小多了。

我们还有机会把我们丢失已久的对未来的憧憬寄托在下一代人身上。有很多人对“如今的年轻人”彻底失去了希望，如果你也是其中之一，那么不仅你是这样，其他的时空里也有像你一样的人。对年轻人的抱怨穿越了时间和空间的界限。

我们看看这个例子：

> 地球正在衰退。腐败贿赂成风。孩子不再关心父母……显然，世界末日即将来临。
>
> 公元前 2800 年亚述人[1]刻于石碑上的文字

[1] 主要生活在西亚两河流域北部（今伊拉克摩苏尔地区）的一支闪族人，或者更确切地说是与非闪族人融合了的闪族人。

但是，如果一代代的年轻人真的在不断衰退，人类文明早就灭亡了。所以情况并不像人们想的那么糟糕。我们只是需要用新的方式鼓励年轻人。

就像古时的彗星一样，苏梅克－列维九号彗星撞击木星是一个预兆，但这个预兆是一道闪过地球这个宇宙飞船船头的亮光。它警示着我们要进入一个新的航天模式，这样一来，我们下一代人探索宇宙的发明将会成为人类生命的保障。有了这个保障，即使面对向地球飞来的人类自己命名的小行星，我们也无所畏惧。

遗憾的是，“保卫人类”的呼声在国会大厅里响应平平。2003 年年中，我和其他关注此事的人士联名向国会呈递了一封公开信，其中包括卡洛琳·苏梅克和大卫·列维（他们以发现苏梅克－列维九号彗星成名），以及普林斯顿大学高等研究院的物理学家弗里曼·戴森和登上阿波罗 17 号飞船的地质学家哈里森·H. 施密特。阿波罗 17 号飞船是登月计划的最后一架飞船。在公开信中，我们列出了整个风险评估，指出美国和世界应该做些什么。然而，危机只是对木星而言，在大多数政客眼中，这种事情太过抽象。但是，从国家层面而言，我们应该诉诸武力解决迫在眉睫的危机。2001 年 9 月 11 日早晨，无辜的人们遭到袭击，其中大多是美国人。于是，我们开始重新评估个人和国家在空中和地面的安全，由此还引发了两场代价惨重的战争，一场在阿富汗，一场在伊拉克。2003 年 2 月，哥伦比亚号航天飞机[1]再次进入地球大气层后解体坠毁，从那以后，人们就开始批判起国家航空航天局。在最初的震惊和随后的沉痛哀悼之后，不管是记者、政客、科学家、技术人员、决策者，还是普通的纳税人，他们中没有人能以热诚和劝慰的口吻谈谈美国太空事业的过去、现在和将来。

这两个事件之间存在着一种模糊但又无法否认的联系。

[1] 哥伦比亚号航天飞机于 1981 年 4 月 12 日首次发射，是美国第一架正式服役的航天飞机。2003 年 2 月 1 日美国东部时间上午 9 时，哥伦比亚号返航时在得克萨斯州北部上空解体坠毁，机上 7 名宇航员全部遇难。

人们一边抱怨着航天事业的未来，一边常年叹息：大家为什么不再为航天事业感到振奋了呢？其原因并不像阿波罗 11 号的宇航员巴兹·奥尔德林博士等人说的那样，这种悲伤不是一种冷漠的衡量标准。这种悲伤证明了对太空的探索已经严丝合缝地嵌入了我们的文化。当一个国家的文化彻底融入人们的日常生活中，人们根本不会注意到它。意大利人不会注意到他们杂货店的货架堆满了意大利面，就好像美国人不会注意到我们的商店的货架上都是软饮料、香脆的早餐麦片和其他我们率先发明的产品。至于航天事业，我们只有在它出现问题的时候才会想到它。人们难免会把现实中的 2001 年与斯坦利·库布里克执导的科幻电影《2001 太空漫游》里未来的太空世界做比较，尽管这部电影早就是过去式了。很多人会抱怨：真的到了 2001 年，我们却还可怜地生活在地球上。但我们已经做得很好了，虽然我们没有建立月球基地，也没能让沉睡的宇航员搭乘特大号宇宙飞船去往木星。

除却资金和其他可能的政治因素，载人航天最大的困难在于要适应非生物生存的环境。我们需要创造一种自身的复制品，一个能抵抗极端高温低温、高能量辐射和稀薄的空气的代替者，这个代替者还要能进行完整的科学实验。

我们已经发明了这种代替者。

它们叫作机器人，能代替我们进行星际探索。我们不用给机器人提供食物，它们也不需要空气来维持生命，它们更不会因为我们不把它们从外太空带回来而伤心。任何时候，这些特定种类的太空机器人，包括探测器，都在年复一年地观测太阳、围绕火星以寻找其表面的生命迹象、拦截彗星的彗尾、绕着小行星运转，以及研究木星、土星和它们的卫星。我们已有四个拥有足够能量的太空探测器按照特定的轨道一同离开了太阳系。每个探测器都携带了关于人类的编码信息，以便让发现它们的智慧生物看到。

有力的证据已经证明，在火星表面存在冰，木卫二[1]内部存在液态水。这个消息足以令人振奋。在这两个星球上，过去或者现在很可能存在着非地球生物。这个消息当然是由那些我们设计并发射的半智能探测器提供给我们

[1] 木卫二在1610年被伽利略发现，是木星的第六颗已知卫星和第四大卫星。

的。这些探测器不仅代替我们进行太空之旅，还会仿照人类设置出一些基本问题并自我回答。不仅如此，我们目前还有几百个通信卫星和十几个太空望远镜，这些设备每时每刻都在用不同波段的光线观察着宇宙，波段的范围从红外线到伽马射线不等。微波是其中的一种，我们可以借助微波感知到已知宇宙边缘的大爆炸。

虽然我们没有在外太空开拓出生存领地，也没有实现某些不切实际的梦想，但实际上，我们探索宇宙的步伐正在不断加快。我们不应该用人类在宇宙中的足迹，或是人们对宇航员的崇拜程度和对航天器发射的关注度来衡量我们探索宇宙的进程。我们应该看有多少人根本没有留意到航天事业的发展。当人们不再对航天事业加以评判，它就成了我们的一种文化。这不是因为人们对航天没有兴趣，而是因为航天早已与人们的生活息息相关。

至于真实的 2001 年：除了大量的智能探测器，我们在宇宙中还有一个无声无息的硬件。国际空间站已经在建设中，就像电影中描绘的一样。等它建成了，每天都会有宇航员待在空间站里，于是人类可以长久地待在太空中了。建造空间站的材料都是由可重复使用的对接航天飞机运送的。每架航天飞机的侧翼上都有美国国家航空航天局的标志，而不是泛美航空公司[1]的标志。与其他航空公司一样，美国国家航空航天局会提供带有复杂指令的零重力厕所和让人没有丝毫胃口的宇航员食品。

据我所知，库布里克电影里有而我们没能实现的只有不能在呈真空状态的宇宙空间里播放约翰·施特劳斯的《蓝色多瑙河》，以及我们没有那个叫 HAL 的杀人主机。

对比来看，在 20 世纪 60 年代，宇宙还是个神秘的异域，只有少数勇敢而幸运的人才能有机会进入太空。美国国家航空航天局做出的每一个指示都可以在媒体界引起轰动。这足以证明当时的人们对宇宙并不熟悉。你知道，那时候很多人都能轻易说出“水星七人组”[2]的名字。如今，哥伦比亚七人组的名字也为人们熟知，只是他们已经牺牲了。而在处理哥伦比亚号惨剧的 18 个月里，美国通过航

[1] 泛美世界航空，自 20 世纪 30 年代至 1991 年倒闭前，一直是美国的主要航空公司。

[2] 指 1959 年 4 月为水星计划而挑选的 7 位宇航员。

天飞机先后将多位宇航员送入太空，其人数比 60 年代的水星计划、双子座计划和阿波罗计划中所有的宇航员加起来还要多。

这意味着什么？60 年代的航天计划一个比一个雄心勃勃，最终我们如愿把人类送上了月球。那么，我们的下一个目标当然是火星。那些发生在 60 年代的太空冒险前所未有地在美国社会激起了大众对科学和工程学的兴趣。整个教育界也都是满心渴望、斗志昂扬的学生。紧接着，国内技术突飞猛进，足以改变 20 世纪的人们的生活。但是，我已经提过了，不要觉得我们是以先驱者、发现者或冒险者的身份登上了月球，我们登月只因为这是当时军事应急措施的一部分。

苏联宇航员尤里·加加林成为第一个绕地球航行的人，在之后的几周里，肯尼迪总统于 1961 年 5 月 25 日在国会的联合会议上致辞。他演讲的内容至今还在人们耳边回响：

> 我认为我们的国家应该在十年内实现这个目标。我们要把人类送上月球并将他安全接回。现

阶段没有任何一个太空项目能够超越它对人类的影响，超越它对宇宙远程空间探索的重大作用，也没有一个太空项目的开发如此困难而且花费如此巨大。

但是几乎没有人记得这段著名演讲的上一段，肯尼迪在这一段中声明要战胜共产主义：

如果我们要赢得世界范围内自由与暴政的斗争，几周前苏联航天事业的巨大成功，以及 1957 年“伴侣号”[1]的成功已经清楚地向我们说明：航天事业的成败将对全世界人民产生影响，它将引导人民选择哪条发展道路。

这当然不是美国第一次在军事计划中投入巨资，肯尼迪当然知道，勇敢的士兵赢得战役，而科技能保证国家的

[1] 苏联发射的人类第一颗人造卫星。1957 年 10 月 4 日，这颗卫星由苏联的 R7 火箭在拜克努尔航天基地发射升空。

安全。所以，科技也能赢得战争。

在我所知的历史中，人类从未为了探索和发现新领域启动真正耗资巨大的计划，即便我们在潜意识中如此认为，即便参与计划的人本身就是走在前沿的探索者。这一点有力地反驳了那些怀疑者，他们认为，我们至今还未登上火星是因为我们没有领导者、没有探索宇宙的动力或是不再愿意冒险。

如果你希望人们能仅仅出于渴望探索宇宙就启动大量资金，请你想想，任何可以预见的火星计划都将耗费大量时间和金钱。我们是一个富有的国家，我们有足够的资金，登上火星所需的技术也不是不可能实现。这一切都不是问题。但是，耗资巨大的航天计划将需要经历很长的时间，它必须经得起政治领导方针的转变和经济的衰退。如果航天事业不能在短期内带来军事优势和经济驱动力（比如“太空旅行”），那么我们将面对这样的局面：一边是宇航员在另一颗行星表面嬉戏，另一边是饥饿的失业者强烈抵制航天资金投入。

让我们看看历史上耗资巨大的项目，所谓耗资巨大就是指那些项目的资金所占的国民生产总值的比例比一般项目高得多。我们可以发现，只有三种因素可以充分地启动这些项目：防御（如中国的长城、曼哈顿计划[1]、阿波罗计划）、带来经济回报的承诺（如哥伦布的远航、麦哲伦环球航行、田纳西河流域管理局）和对权力的赞美（如金字塔、教堂、广场）。如果某些耗资巨大的项目满足了上述一项或多项条件，那么资金就会源源不断地涌入。艾森豪威尔全国州际及国防公路系统就是个很好的范例。这个计划诞生于“二战”之后，美国在这个国防项目上投入了大量的人力和物力，且从一开始就耗费巨大，所以后来我们永远有足够的资金用来修路。

从各种意义上来说，近地轨道仍是一个界限。虽然已有几百位宇航员到达过近地轨道，如今的宇航员也敢于飞向太空，但这个项目的死亡率并不低。在 100 架发射的飞船中，有两架将无法返回，也就是说一位宇航员不能返回地球的概率是 2%。如果你每天开车的死亡率有 2%，你

[1] 美国陆军部于 1942 年 6 月开始实施的利用核裂变反应来研制原子弹的计划。

可能再也不开车了。哥伦比亚号的宇航员不是不知道他们此行的风险，但他们还是义无反顾地去了，因为成功的概率大于失败。一部分人愿意为了拓展人类的生存界限而冒险，同为人类，我为他们感到非常自豪。他们就是最先离开洞穴看到悬崖另一边景象的人，他们是最先攀登高山的人，他们是最先航行汪洋的人，他们是最先触碰苍穹的人，他们也本该是最先登上火星的人。但是总得有人为他们打包票，如果没有这个保障，我们只能停留在这个所谓的最后界限内。

华丽的辞藻不能带我们飞往太空。我也没有说人类如今做重大决定的本质与过去有所不同。因此，除非太空旅行耗资极低，根本不需要国会的讨论，或者投资者排着队不顾风险投资太空旅馆，再或者我们可以发射类似“伴侣号”卫星的航天器以增强我们的国防实力，就像有些人预测美国会紧跟苏联的航天步伐，否则我们不会启动新的载人航天计划。

不过也不是没办法，但我们需要转变传统意义上的国防形势。如果，鉴于过去的各种军事冲突，科技能赢得战争，那么，我们与其考虑研制智能炸弹，不如把希望寄托在科学家和工程师身上。“二战”期间，那些破译德军密码、发明雷达设备、启动“曼哈顿计划”的科学家和工程师都离开了他们的实验室，他们不再因好奇心而做研究，而是投身到了科技的前沿。

要吸引最有才能的学生，我们就需要最好的项目，不是军事项目，而是纯粹的、启发式的项目。我们应该去火星上寻找水源、化石和生命，因为其表面曾有流动的液态水，但如今这些已不复存在。我们地球人生活的家园也是这样一个脆弱而湿润的星球，所以，对火星的研究是我们工作的重中之重。我们应该登上一两颗小行星，研究该怎样使它们偏离轨道。我们应该钻通木卫二表面厚达几千米的冰层，到达它的地下液态水海洋里找寻活着的生物体。我们应该探索位于太阳系之外的冥王星和它最新被发现的由冰冻物质构成的卫星们，因为它们可能蕴含着行星起源的线索。我们应该探究金星和它的大气层，因为它失控的温室效应警示着我们可能要面临大麻烦。只要将载人航天和机器人探测器相结合，太阳系的每个角落都触手可及。只要将望远镜发射上太空，让其环绕地球或太阳运行，或者飞去其他地方，宇宙的一切都尽收眼底。

有了这些任务规划和项目，作为一个教育工作者，我可以向你们保证，教育系统里会充满最优秀的生物学家、化学家、物理学家、地质学家、天文学家和工程师，而且他们会组成一个新的充满智力资源的发射井。他们将会像我们国家曾经拥有过的最好的科技人才一样随时接受召唤。

如果仅仅因为没有100%的安全保障，我们就把自身局限在近地轨道这个界限内，也不指望其他人会替我们探索宇宙，这无疑是不进则退。毕竟，我们都不希望美国航天事业的辉煌时代只能成为我们子孙后代的美好回忆。

2001年年中，我受乔治·W.布什总统的邀请，向新成立的白宫委员会提供一些对航天事业未来发展的看法。在过去的20年里，美国航空航天工业已经失去了500多万个工作岗位，这是由于过去50多个联合航空航天公司已经减少到了5个，以及其他市场力量的介入，包括来自

其他国家航空工业的激烈竞争，特别是欧洲的空中客车公司。这个委员会致力于研究美国航空航天事业的未来。其成员共有 12 位，6 位由国会任命，另外 6 位由总统亲自任命。由国会任命的 6 名成员中，两位是由两院的多数党推选的，一位是两个少数党推选的。由于布什总统来自共和党，国会两院的多数党也是共和党，有人可能会认为这样的推选过程会形成一个带有强烈党派性质的委员会，但航空航天和关键产业的健康发展对美国人民生活的影响可完全与党派无关。在为期 13 个月的委员会磋商中，不管我们的争论有多激烈，我们的话题从未涉及党派政策。作为委员会成员，我和巴兹·奥尔德林为委员会提供专业的航天知识，其他成员则以不同的形式代表了航空业。

其余的委员会成员和他们当时或先前的职位就好像精英名人录：受人尊敬的委员会主席和前众议院科学委员会主席罗伯特·S. 沃克，通用航空制造商协会主席爱德华·M. 博伦，国际机械师和航空航天工作人员协会主席 R. 托马斯·布丰博格，空军准将（已退休）、前海军部长助理、航空航天工业协会主席和首席执行官约翰·道格拉斯，前空军部长 F. 惠顿·彼得斯，前国防部副部长约翰·哈姆雷，国防科学董事会主席威廉·施奈德以及洛克希德·马丁公司总裁兼首席运营官，现为首席执行官罗伯特·J. 史蒂文斯。委员会的两位女性成员也很符合精英的标准：摩根士丹利[1]的执行理事，航空航天、国防及国防电子高级分析师海蒂·伍德及前国会和众议院军事委员会议员蒂莉·K. 福勒。

2001 年 10 月 2 日，距离“9·11 事件”仅三周，委员会的第一次会议在华盛顿特区召开。委员会因“9·11 事件”延展了其议题：建议白宫、国会及其他相关政府机构采取策略来协助或者重建一个摇摇欲坠的国防工业。国防保证了人们的生活水平和一定程度上的安全，而在“二战”后的美国，人们却把这种安全感视为理所当然。我个人尤其觉得“9·11 事件”深深伤害了我，因为世贸中心的双子塔[2]离我在曼哈顿下城区住所的客厅只有 4 个街区。

[1] 摩根士丹利，财经界俗称“大摩”，是一家成立于美国纽约的国际金融服务公司。

[2] 纽约金融区世界贸易中心的两座高达 110 层的大厦，是当时纽约的标志性建筑。

我和家人住在百老汇和公园大道交叉路口的一个改装过的公寓里，市政厅和市政厅公园的景象都一览无余。这里是“英雄峡谷”游行[1]路线的终点。每年，在世界职业棒球大赛上取胜后，纽约洋基队[2]的车队都会从这里呼啸而过，贴在路边的几百吨纸条随风噼啪作响，整个场面好像一场盛会。1962 年，水星计划中乘坐友谊 7 号[3]绕地球飞行的约翰 · 格伦[4]成功返程，35 年后，他又乘坐发现号航天飞机归来，人们为他的两次航天行动都举行了庆祝游行。

但在 2001 年 9 月 11 日，我对社会、情感和政治的看法都彻底改变了。每当想起那些场景，即便不愿细想，我心中仍然充满强烈的愤怒和悲伤。见证这起登上世界报刊头条、促使一个国家发动战争的事件确实令人心情沉

[1] 纽约一项游行活动，用于庆祝体育竞技的胜利。

[2] 美国职棒大联盟中隶属于美国联盟的棒球队伍之一。

[3] 美国国家航空航天局进行的水星计划中执行水星—宇宙神 6 号载人任务使用的飞船，于 1962 年 2 月 20 日在卡纳维拉尔角空军基地发射。

[4] 约翰 · 赫歇尔 · 格伦，美国首位环绕地球飞行的宇航员。

重。事件过后的 12 天里，我和家人们像战争难民一样从曼哈顿下城区搬到了城市北部。在事件之后的 10 天里，我每天都要睡 14 个小时，是我平时每晚睡眠时间的 2.5 倍。又过了几天，清醒的时候，我大都静静地待着，一副惊慌失措的样子。那件事之后的两个月里，救护车鸣笛声（通常，对城市居民来说，这种声音就像一种隔音墙纸）在我的脑袋里嗡嗡作响。9 月 11 日当天，救护车不停地鸣笛了将近两个小时，直到南塔倒下，周围突然变得安静无声。

“9 · 11 事件”后的两个月里，每次我到公园大道南，看到我曾经推着 9 个月大的儿子的婴儿车、抱着我 5 岁的女儿走过的路，我全身的肌肉就开始痉挛，我的思绪自发地逃离到 3 英里以外的中央火车站[1]，车站位于我父母在韦斯特切斯特的宁静住所的北面。我想这些症状都是炮弹

[1] 纽约中央火车站，位于美国曼哈顿中心，始建于 1903 年，1913 年 2 月 2 日正式启用，是纽约著名的地标性建筑，也是一座公共艺术馆。它是世界上最大、美国最繁忙的火车站。

休克症[1]的表现，会慢慢地随着时间消失。

还好我仍然不害怕坐飞机，但有次我搭乘波音 767 客机飞往洛杉矶的途中，我忍不住想：如果这架飞机撞向世贸中心，进入建筑后在另一端爆炸，飞机上能够完好无损地保留下来的最大的东西是什么？起落装置，我电脑的电池，我的皮带扣，还是我的结婚戒指？我会在多短时间内死去？一秒？ 1/10 秒？虽然我在上大学时当过摔跤手，还略懂武术，但我能在几个恐怖分子手中死里逃生？

“9・11 事件”在很多方面改变了我。不知怎么回事，我的感性与理性出现分离。之前，这两者曾以一种微妙的平衡紧密地结合在一起，但我保证，在做出决定时，我的感性永远不会超越理性。但事件之后，我的精神在水火中煎熬，再也难以抑制自己的情绪。大批大批的游客不断迈着沉重的步子从我客厅的窗前经过，他们身陷重重摄像机的包围中，呆呆地望着燃着余烬的废墟，这些废墟属于美

[1] 炮弹休克症又称“弹震症”，最早有记录出现是在一战期间。炮弹休克症的主要症状是疲惫乏力、头疼、抑郁、失眠、休克等等，许多士兵在战场上死里逃生，但却不堪炮弹休克症的摧残。

国有史以来最惨痛的灾难。这一切都让我怒不可遏。“世贸大厦遗址在哪里？”他们一边问一边捂着口鼻，不愿吸进废墟上升起的余烟。而我每天都呼吸着这些浓烟。虽然金融中心是这个地区的名片，但发生如此大的灾难后，这里的 5 万名居民仍然把曼哈顿中心城区称作自己的家园，而我的感受和他们是一样的。

我的妹妹林恩已经不住在曼哈顿将近 20 年了，但自从她当上这里的公园管理员，她就爱上了世贸中心。她会按照日程巡视这里的公园和纪念碑。“9·11 事件”过后，她第一次来我家看我，她望向窗外的时候说出了令我印象很深的话，“与其去相信双子塔消失了，还不如当它们从未存在过，这还能让人好受些”。

拍照的游客一般都很尊重附近街道、教堂、警察局和消防局旁临时设的祭拜用的神龛。经过一片狼藉的废墟时，他们不再闲谈，对死者的敬意使他们陷入沉默。在“9·11 事件”后第一次回到曼哈顿该做点什么？当然是在街上走走，安安静静地拍点照片。了解清楚这些情况之后，我的理性又重回大脑。一周后，当游客们再问我废墟的所在，我就告诉他们望见废墟视野最好的地点。我之所以这么做，因为那是对的事。世贸大厦的废墟属于美国，也属于世界，而这个埋葬了 3000 个灵魂的墓地碰巧就在我的屋后。

这件事还在另一些方面改变了我，对我的影响延续至今。我每天下班更早了一点，更加频繁地拥抱我的孩子们，更喜欢和陌生人聊天，也更容易为悲惨的事情感到伤心。而且，和很多人一样，我变得难以容忍狭隘和偏见。纽约警察也变了，他们变得非常友善和乐于助人，他们甚至微笑着和路人合影。这真是纽约人不常见到的景象。

我们当地的消防局就在事发地点一个半街区外，但只有 6 个消防员在事故中牺牲了。之所以只有 6 个，是因为他们最先到达事故现场帮助逃生者撤离北塔，也就是最先被击中的大楼。南塔被撞击后，后来的消防员去了那里。但南塔是最先倒塌的，每层楼的办公领域有 1 英亩，总共 110 层，每层楼都从底部开始燃烧。离曼哈顿较远的消防局要花更多的时间到达现场，他们有 12 名消防队员在南塔上牺牲了。在那之后的将近两年里，这些消防局外的人行道上都摆满了鲜花和蜡烛。哈德逊河的码头边设了另一个神龛，码头里是停尸房和临时法医实验室，那是用来确认从事故现场送来的遗体的身份的。你只要在城里走过6个街区，就能看到这些无声的场景，你马上会意识到，非常非常糟糕的事情发生了。

9月12日一早，我就向我的一小部分家人、朋友和同事发了一封电子邮件，讲述了我前一天在曼哈顿下城区的狼狈经历。几小时后，人们就通过电子邮件地址黄页将我的邮件转发开来。有几千人给我回了邮件，其中，有位男士从邮件上读到我女儿正在为她的毛绒玩具被蒙上灰尘并不能马上回家而伤心，就给我邮寄了两个可爱的毛绒玩具。有时候，一个小小的举动却饱含了满满的关心。

我不到1岁的儿子还太小，不记得当时发生的事了。他还是饿了就哭，看到你和他躲猫猫就笑。有时候，我女儿倒会和我讲起那场灾难，但从她说的话来看，她应该没什么大问题。“爸爸，如果飞机上的坏人死了，报社的人是怎么弄到他们的照片的？”“爸爸，如果世贸中心就在街对面的市政厅喷泉那里，从窗户掉下来的人掉到喷泉里就不会死了。”“爸爸，虽然世贸中心没有了，但是世界金融中心还在啊。也许等他们把灰清理干净了，我们就可以再去那边的公园玩了。”

“9·11 事件”过去两周后，我们搬回了下城区的公寓，但在那之前要先清除公寓外到处都是的 0.8 英尺厚的灰烬。我们花了 4 天时间才全部清理干净。我们雇了 6 个工人，他们拿着扫把、微纤海绵和高效空气过滤器清理了整整两天。灰里都是粉碎的混凝土、墙板，其他硅酸盐物质和一些石棉。虽然关着窗，但灰烬还是能通过窗格的缝隙流进来。倒塌的大楼腾起的灰烬又厚又密。9 月 11 日那天正处在夏季之末，天气很好，我的很多邻居都开着窗，于是他们好几个月都不能回家了。我们的一个邻居不得不丢掉所有的窗帘、床单和衣服。还有一些人根本没有再回这里的家。

事后，媒体和国会才后知后觉地表达愤怒和爱国情绪，但我可没时间想这些。我们只能在如同战场一样的地方继续生活。当地的街道上大都是军用汽车，为纽约证券交易所提供的电力线路上的每一个节点都有警察看守。事故发生后，地面上的线路很快就被铺好。一周后，交易所又能开张了。234 号小学是我女儿的学校，就在北塔北部三个街区外。事件后，学校停课了，于是，就成了世贸大厦幸存者的救护所。学校要等到火全部熄灭才能复课，所以在那之前的六个月里，我女儿只能先去两个临时学校上课。废墟的燃烧带出一股夹杂着烟和灰尘的恶臭，那是双子塔上血液蒸发的味道，整个曼哈顿下城区都是这股味道，只是由于各区域风向不同，气味的浓淡不一，起重机和牵引机每拖出一部分废墟上的金属，地面就会蹿出一股火焰。到了晚上，废墟现场彻夜通明。从我客厅的窗户望去，滚滚的浓烟可以上升到 50 层楼高，烟雾升起的地方当然就是原来双子塔的位置。环卫车也不清扫大街了，而是不断地在街上洒水，好尽可能冲刷掉废墟上扬起的灰尘。与此同时，大型的平板自卸卡车每天 24 小时不间断地拖走成吨的废墟残骸。我们家买了两个大容量高效空气过滤器，全天都开着，以便让公寓里的空气每小时更换 4 次。

搬回公寓之前，我收集了窗格上的灰烬样品并带回了位于中城区的实验室用于分析。灰尘中的石棉含量低于检测标准，所以清理的时候可以不穿防护服。我在灰尘样品里发现了极少量的黑炭，也许是烧焦的办公用纸，但我不知道这些被风吹到这里的灰烬里是否含有大楼倒塌前受害者遗体的骨灰。燃起的大火就像熔炉一样足以熔化世贸中心双子塔的钢筋。让专业人员清理我家之前，我收集了一小瓶灰，就当作是一个遗骨匣，用来纪念这场我们共同经历的惨剧。

9 月 11 日本是一个晴朗的秋日：气温只有几华氏度，天空晴朗无云，没有雾，湿度也非常低，视野非常清晰。那天我没去上班，我妻子 8:20 出门上班，我也在同一时间出门去参加纽约市市长初选的投票，9 个月大的儿子和保姆一块儿待在家里，5 岁的女儿则是第二天上幼儿园，她必须在 8:40 去院子里做好出发准备，在那里她正好可以看到世贸中心北塔的全景。

8:50，第一架飞机击中北塔，我女儿的学校立刻安全疏散了学生。8:55 左右，我参加完投票回来，正好看到北塔的高层着火了。大量的围观群众聚集到了市政厅公园，无数的消防车、警车和救护车鸣着警笛呼啸而过。

我马上跑回家里拿起我的摄像机，然后回到街上拍摄当时的场景。依靠大功率变焦镜头，我可以准确判断大楼的烧毁情况，考虑该在什么时候把女儿从学校接回来。通过 20 倍的变焦镜头，我看到，不仅有大火从一些窗里冒出来，而且四五个楼层已经完全着火，火势不断向高层蔓延。

这样的景象已经够让人心急如焚，可紧接着，在不断落向地面的碎纸和融化的金属之间，我发现有些坠落物看起来有些异样。那不是大楼上烧坏的东西，那是人，活生生的人！他们从 80 楼跳下来，以一种不真实的缓慢的速度落向地面，瞬间死去，差不多有 10 个人掉了下来。我突然想到，一个坠落的人在地球大气层中能达到的最大的速度约每小时 200 英里。达到这个速度之后，缓慢分离的空气会降低下降速度。一个人从世贸中心，或者从任何足够高的建筑往下落，只要你差不多掉了 20 层楼的高度，都能达到这个最大速度，然后你还会继续下落。所以我看到的缓慢坠落的人在落到第 60 层楼时已经停止了加速，然后是以一种恒定的速度落到地面上的。

接着，世贸中心南塔的东北角突然响起一阵剧烈的爆炸。爆炸处差不多在大楼从下往上看的 2/3 处，至少应该在 60 楼。爆炸的火球带起一阵强烈的热气，让所有人都为之一震。从我的角度望去，我看不到撞击南塔另一面的第二架飞机，所以并不知道是飞机的撞击引起了第二次爆炸。一开始，我以为是炸弹爆炸了，但炸弹爆炸标志性的冲击波一般会震动或震碎附近的玻璃窗，而这次爆炸点附近的玻璃窗没有碎。我只听到了一阵隆隆的响声。

南塔的火势燃烧到了距离它约 100 码的北塔。一阵火焰之后，无数的纸屑纷纷扬扬地落向地面，就好像百老汇“英雄峡谷”活动中从礼炮里发射出来的彩纸。但这一次，纸屑却落到了试图从大楼上跳下逃生却死去的人身上。

南塔也着火了，所有人都意识到，第一场火灾并不是意外，世贸中心的楼群遭到恐怖袭击了。我用摄像机记录了爆炸的过程和周围人群的尖叫后，马上回到了自己的公寓。

情况还能变得更糟吗？救护车络绎不绝地赶到世贸中心楼下，但我又听到了南塔传来的爆炸声。伴随着一阵山崩地裂般的隆隆声，最令人难以置信的事情发生了——南塔爆炸点以上的楼层开始崩塌。首先倒塌的是楼顶，连带着直升机坪直接倒向一边。然后，高楼层以一种内部爆破的形式连带着所有较低的楼层，甚至是爆炸点以下的楼层轰然倒塌。一股浓烟随之升起，迅速扩散到了拥挤的街道和曼哈顿下城区。

我立刻关上家里的窗户和百叶窗。浓烟吞没了公寓，一片诡异的黑暗瞬间笼罩了所有人，周围的一切就像雷雨或龙卷风来临之前的天空。我透过窗子望向外面，完全看不到1英尺外的任何东西，但在有限的1英尺视野范围内，我看到滚滚浓烟携带着无数未燃烧的办公纸形成数个旋涡，这些办公纸都是从倒塌的未着火的楼层里飞出来的。

之后的15分钟里，能见度增加到了100码，我看到窗外到处都积了一层约1英寸的白灰：窗台上、人行道上、大街上、市政厅公园每一棵树的每一片叶子上都是。虽是早秋时节，但整个曼哈顿好像刚下了一场雪。这时我才意识到，现在每辆停在世贸中心楼下的救护车都已经埋在了倒塌的110层楼层的废墟之下。废墟里都是扭曲的金属和混凝土，还覆盖了几英尺厚的灰。南塔的倒塌压垮了第一波救援队伍，其中包括几百名警察、消防员和医疗人员。

随着能见度逐渐增加，我抬头望去，南塔原来所矗立的地方已经空荡荡的了。

我一直和妻子用手机和固定电话断断续续地通话。我决定这时候去接女儿。妻子朋友的父母把她接到了一个小办公楼，那里比我家距离世贸中心还远6个街区。正当我穿上靴子，带上手电筒、湿毛巾、潜水镜、自行车头盔、手套这些逃生用具准备出门时，我又听到了一声爆炸声，紧接着是熟悉的山崩地裂般的隆隆声，最先被飞机击中的北塔也倒塌了。北塔标志性的电视天线和南塔一样在内部爆炸中直直地倒下。

不断弥漫的浓烟变得更加黑暗、厚重，也更快地扩散开来。北塔倒下15秒后，这一轮浓烟又弥漫到了我家。白昼如同黑夜，能见度又降到了一英尺以下。现场的救援人员看来是没有生还的可能了。

浓烟又一次弥漫，窗外积了大概3英寸的灰。原来110层高大楼的位置只剩一团浓烟。这股浓烟不会轻易地散去，因为低楼层着火了。我越来越喘不上气，必须马上离开了，地下的煤气管道可能已经爆裂，出现煤气泄漏。我不能把女儿接回家，我要带她逃到别的地方。于是我在我最大的背包里装满了吞拿鱼罐头、小刀、瓶装水、尿布、婴儿食品这些能长期使用的求生物品，然后把儿子放到最轻便的婴儿车里离开了我的公寓。

我到达了女儿所在的地方，这个小办公楼在一条僻静的街道里，处于世贸中心的上风地带。女儿和其他被带到这里的孩子都精神不错，只是有点吓到了。等我的时候，她还用蜡笔画了幅画，用一个5岁孩子的笔触描绘了冒着大火和浓烟的双子塔。她不停地问我："爸爸，为什么飞行员要开着飞机撞世贸大厦啊？""爸爸，但愿这一切都是个梦。""爸爸，如果我们因为这些烟今晚不能回家了，我的毛绒玩具会没事吗？"

我坐在办公室的软垫沙发上，一手抱着儿子，一手抱着女儿，渐渐让心情平复下来。我这才想到，如果双子塔的每层楼都有人，那么每幢楼里都有 1 万人，从当时的情况看，楼上的人根本没有生还的可能。双子塔下面总共有六层地下建筑，里面有很多个地铁站台，还有大约 100 家商店和餐馆，是一座名副其实的城市。大楼倒塌后直接陷入了这个“地下城市”，这个城市的面积足够容下马路对面的世界金融中心。

下午 4 点，我与妻子在联合广场的公园会合。我们又徒步走了 1 英里到达中央车站，准备坐车前往我父母在韦斯特切斯特的家。那里位于世贸大厦废墟北部 25 英里处。

双子塔最终的遇害人数是 3000 人，虽然比我想象的少，但已超过了珍珠港事件的遇害人数。而且这起灾难的惨烈程度比泰坦尼克号沉没、兴登堡号飞艇烧毁[1]和俄克拉荷马城爆炸[2]都要严重。经过这件事，我彻底改变了。

[1] 兴登堡号飞艇是德国的一艘大型载客硬式飞艇，1937 年 5 月 6 日，兴登堡号飞艇在一场灾难性事故中被大火焚毁。

[2] 俄克拉荷马城爆炸案发生在 1995 年 4 月 19 日，是一起针对美国俄克拉荷马城市中心艾尔弗雷德 · P. 默拉联邦大楼发起的恐怖主义袭击。

我想，我们这一代人也算是经历过无法言说的恐惧最终得以幸存下来向他人讲述的一代了。我曾天真地以为，我们的世界已经和上一代人生活的年代完全不同了。他们可是遭遇了 20 世纪最惨烈的战争啊。

想象一下，我要背负着这些情感和理智上的包袱去参加总统主持的首届航空航天委员会。我已经准备好去改变这个世界了，委员会的每一位成员也和我一样。但我和他们不同，我只能通过我系统的专业知识改变世界，而委员会的其他成员可以直接行使他们的权力。我突然发现自己好渺小。委员会的其他人都是被推选出来的，他们要代表选民的意志。这个简单的事实限制了他们发言，他们至少不能冒犯他们的支持者或向相反的政治立场妥协。而我的手上没有权力，也不需要作为谁的代表，所以我可以畅所欲言，完全不用担心日后在华盛顿特区待不下去，因为参政不是我的本意。后来，我才知道白宫方面需要的就是我这样的发言。

接下来，我作为委员会代表在 13 个月里参加了 24 场会议和公开听证会，参加了两次世界巡回演讲，一次在欧洲和俄罗斯，一次在中国和日本。同为委员会成员的约翰·道格拉斯在发言时说的第一句话就是“海湾战争时，我是欧洲的美国驻北约军事代表……”他向大家分析了“9·11事件”后国外突然出现的对美国的威胁，比较了发生的安全事件。而后他又讲述了他经历过的三起绑架，以及保镖们的不同反应。接着，他讲述了他的军旅经历和安全事故，还有被劫机时飞行员该如何机智应对，这些内容也同样精彩。我最喜欢的是他讲未来无人机的那段。只需按一下按钮，飞机就可以一直自动控制所有面板，在没有飞行员的情况下依靠定位系统飞行，还能在最近的飞机场安全着陆。无人机可以自动地完成这一切。另一个应对劫机的方法是飞行员不停地作桶滚飞行[1]，这样一来飞机上谁都站不稳了，恐怖分子头晕了，所有人都吐了，你再把飞机安全地开回去。

他的发言就是这样，也没有其他的内容，只是在华盛顿召开的会议结束后，招待我们的居然是“素食者山谷”。

[1]指飞机匀速飞行时借助旋转和速度，以螺旋的方式旋转。

当然我们最后去了鲁思的克里斯牛排馆。

2003年11月，我在白宫东厢向副总统迪克·切尼提交了一篇198页的题为《任何人，任何事，任何地方，任何时候》的报告后，从航空航天委员会引退。报告的序言强烈呼吁美国政府重视航空航天工业对国家安全和经济健康发展的重要性。报告还指出要对航天事业开展新一轮投资。有了这笔资金，我们就可以制定具体的航天计划。这无疑会强烈吸引下一代科学家和工程师参与到这个项目中来。他们是未来的希望。报告中有几章特别提到了“航天航空”中的“航空”，因为它完全关系到我们未来探索太空的事业。

我们永远不知道委员会报告对主流思想或政策产生了多少影响。看看这样或那样的政府机构出版了几篇这种报告就知道了。人们好像一度觉得，委员会的存在不过是让政策决策者装装样子，让他们看起来好像在解决什么问题而已，实际上有没有在解决根本无从知晓。最好的情况是，国会议员可能会挥舞着报告，把它当作辩论或者立法的指南。最坏的情况则是它会被搁置，再也不会有人记得。当然还有不好不坏的结果，那就是原本贫瘠或充满敌意的政治环境因为报告的存在变成了思想和愿景可以扎根的地方。

委员会报告定稿提交后不到三个月，哥伦比亚号航天飞机在重新进入地球大气层后，由于轨道飞行器的保护层出现结构性损坏，导致其容易过热，飞机最终解体坠毁。想当初哥伦比亚号发射时我就在卡纳维拉尔角的观景台上。航天飞机发出巨响缓缓升空时，我用摄像机拍摄了宇航员的家人们，他们都很激动。伊兰·拉蒙的妻子高兴地挥舞着国旗，伊兰·拉蒙是美国第一位以色列籍的宇航员。那是我第一次（也是最后一次）见证航天器升空，我对这次升空印象很深。这项载人航天计划的勃勃雄心、戏剧性的坠毁和人们转变的情绪都深深地印在了我的脑海里。

看到航天飞机的碎片和宇航员们的残骸顷刻间撒向得克萨斯州，你可能会觉得失去亲人的宇航员家人会哭着反对航天事业的发展。但事实并非如此。宇航员的家人们一致认为这项航天计划必须继续下去。其他人心里也明白，如果宇航员们还活着，他们也会赞同。国家政府（通过社论、专栏、给编辑的信、电视和电台谈话节目）宣布，既然宇航员要为航天计划冒险，那我们干脆实现一个比载人往返近地轨道更大的目标。自从1972年阿波罗11号登上月球，在航天事业上，人类还没有到达过比从华盛顿特区到波士顿的距离还遥远的地方。在委员会报告的推波助澜下，接下来的社评和民众情绪高涨。加之中国刚刚将第一个宇航员杨利伟送上地球轨道。《北京口报》引述了中国首席太空科学家欧阳自远的话：“我们的长远目标是在月球上建立一个基地，为了全人类的利益在月球上开采矿物。”现在，我们有了足够的条件触发一场肯尼迪式的美国航天规划。

一年后，距离委员会报告存档仅仅过去14个月，布什总统在华盛顿特区国家航空航天局总部发表演讲，宣布要启动新时代的航天计划。我们要把宇航员再度送上月球，送上火星及其他星球。科技将是这个计划的中心。要启动这个计划，总统需要组建一个委员会来制定方案，好让航天计划能成功地在华盛顿复杂的政治形势和资金循环链中生存下去。

果不其然，几天后，我接到了白宫的电话，问我是否有兴趣加入即将组建的委员会。这次，委员会的话题都是关于航天的。委员会将有 9 个成员，讨论的主题是“美国航天计划政策的实施”。这次我又同意了。就像 2001 年的“9 · 11 事件”促使我带着崇高的信念为航天航空委员会效力，哥伦比亚号航天飞机的失事也再一次激励了我。我目睹了它的发射，这让我的内心产生了一种无法逆转也无法推脱的责任感。

在航天航空委员会里，我是唯一一位科学家（和教育工作者），但这次委员会里共有 4 位科学家：约翰霍普金斯大学应用物理实验室的月球专家保罗 · 斯普蒂斯，火星专家兼麻省理工学院地球与行星科学系的系主任玛丽亚 · 朱伯，这两位是行星地质学家，太阳系进化及信息专家兼亚利桑那州立大学陨石研究中心主任劳里 · 莱辛是位行星地球化学家，以及一位天体物理学家（我）。其他的委员会成员有惠普公司的首席执行官卡莉 · 费奥莉娜；空军上将（已退休）和前空军物资司令部指挥官莱斯特 · 莱尔斯；前美国交通部副部长迈克尔·P. 杰克逊；克斯勒和沃克公共政策联营公司的董事长兼首席执行官罗伯特·S. 沃克；委员会主席彼特·奥尔德里奇，他在航空航天领域工作了 45 年，最近刚担任国防采购、技术和物流部的部长。我们每一个人都有各自擅长的领域，都由总统任命完成委员会的任务。这其中的一项任务就是搜集任何有助于实现登上月球、火星和其他星球的资源。

没有人知道委员会将存在多久，将来的最终报告又会是怎么样的，但我们相信美国最美好的时代即将到来。

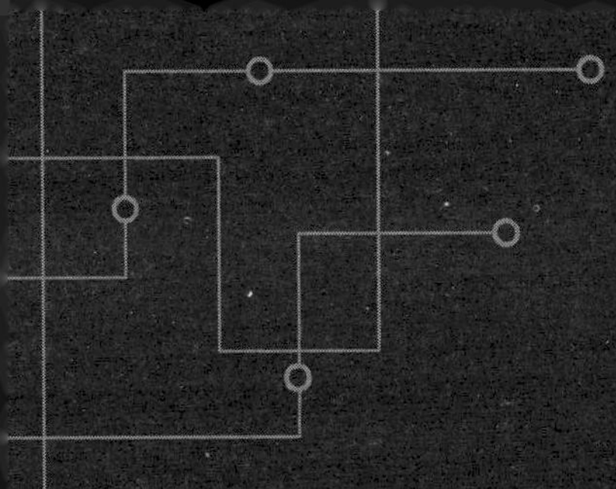

3 科学冒险

SCIENTIFIC ADVENTURES

世界上的天体物理学家在人群中的比例一度维持在百万分之一，这可远远不够。

我曾努力想让女儿了解物理学的原理，但实际上她自己已经做了很多物理实验。她把23颗煮过头的豌豆一颗一颗地从盘子里拿出来扔在地板上。这个实验突出展现了势能转化为动能（随着豌豆下坠，它们的落速不断增加），以及非弹性碰撞的性质（豌豆掉到地上没有弹起来，而是摔扁了）。她还做了流体动力学实验。她把一杯苹果汁倒到盘子里，再倒回到杯子里，就这么一直倒来倒去，直到果汁洒到餐桌上，然后她又看着桌上的一摊果汁顺着桌子缝隙滴到地板上，又汇聚成一摊果汁。吃过晚饭，她从儿童椅上爬下来踩地板上的果汁，把果汁溅得到处都是。我爱死她的实验了！当然最后我还得把这些都清理干净。

很多所谓的“常识”都是我们通过认真观察各种自然现象形成和积累的。所以每次我女儿要看迪士尼经典电影《欢乐满人间》时，作为一个科学研究者，我都很担心。第一次把这部电影录下来的时候（显然我之前没看过这部电影），我简直不知道该指望女儿能通过这部电影学到什么。我看到的内容都故意完全违反了几乎所有的物理学原理。玛丽·波平斯第一次出现在电影里的时候，她拿着一柄长柄伞飘浮在空中。

好吧，也许这种事会发生。但是，当她进入孩子们的房子后（这家主人雇她做家庭保姆），她顺着楼梯扶栏滑了上去，又从 10 英寸大的手提包里取出各种超大尺寸的装饰品和家具来装点房间，让她的工作环境变得更舒适。接着，玛丽在伦敦的人行道上和一只狗说话，她说的是英语，而狗说的是狗语。

又过了不久，玛丽到了阿尔伯特叔叔家。屋子里所有的客人都飘浮在天花板下面谈笑着，玛丽给他们沏了茶。接着，玛丽从烟囱里冒了出来，和大家在伦敦的屋顶上嬉笑。她还用烟囱里冒出来的烟做了一个阶梯，在两座大楼之间架起一座桥。影片最后，玛丽伞柄上的小鸟头装饰活了，她又和小鸟说起了话。

这要是在几百年前，玛丽肯定会被当作女巫烧死，而现在她却摇身一变成了迪士尼珍贵的艺术形象。这部电影完全把物理学原理当玩笑，我女儿刚刚获得的常识要遭到颠覆了。《爱丽丝梦游仙境》也好不到哪儿去，只不过仙境没有设在伦敦市中心。《彼得·潘》里的永无岛也和仙境差不多，好像在一颗星星的后面。《绿野仙踪》里的矮人国也是，不过不是在堪萨斯州。

我不想做个愤世嫉俗的人，但我想说，当今社会的一大弊病在于人们普遍对科学和数学的无知，这着实令人惊讶。听听有些人为了在开车时不系安全带拐弯抹角编出来的理由：安全带太束缚人了；系安全带太不舒服了；娘娘腔才系安全带。等他们找完这些理由，再问问他们有没有上过高中或者大学的物理课，答案肯定是没有。

在大学物理课上，你会学到惯性，会看到艾萨克·牛顿提出的著名定律的示例："物体不受外力作用时保持其运动状态。"有趣的是，物理学原理倒是替我出了口气。有些出租车司机不愿停到街角搭我，宁愿到下一个街区去搭载白人乘客，而很多这样的司机往往不系安全带。

我不是责怪迪士尼或好莱坞没有科学常识，其他社会问题也常体现在电影上。但我确实要批评这个文明的社会对待科学的态度。科学知识有助于培养人的批判性思维，有了这种思维，你就可以用自然科学原理来判断有些人是不是蠢蛋。

幼儿园和小学的孩子常常上艺术课，因为艺术课可以激发他们的创造力，可他们却不上那些探索自然规律的课程。你看那些有孩子的家庭家里满是艺术展示作品就知道了——冰箱门是一大展示平台。小孩子的通心粉贴画数量远远多于科学实验展示作品。人们也鼓励孩子阅读奇幻故事和童话，可在我看来，那些书里根本没有科学原理。而我们倒还奇怪邪教是怎么形成的，为什么每年有几十亿美元落入占星家和巫师之手？为什么无辜的人会受骗，乖乖把自己的积蓄交给声称掌握超自然邪术的骗子？

我曾在《纽约时报》上读到这样一篇报道，标题是《警方严厉打击算命欺诈》。文章列举了一些案例，都是算命人告诉受害者他们受到了诅咒才会生病，需要一个治病良方。他们要去一些地方找到可疑的药品，花费一大笔钱。

其中有个案子是这样的，有个女子患上了失眠，起先她还算聪明，先去看了内科医生、精神病医生，又去向神父咨询，但都没用。于是她找上了一个算命者。算命者说她身上“有很多消极因素”，于是给她开了个药方，药方的草药要去中东找。大老远前去找药的当然是算命者，旅费由女子支付，于是女人给了骗子 3000 美元，又等了很久后才报了警。这个故事最让我感到惊讶的是，受害者是开保险代理公司的，她还说“我一点也不天真，也不蠢”。

我不知道开保险代理公司需要经营者有多少批判性思维的技巧，但应该还是要有一点的。他们要给你、你爱的人、你的财产上保险，所以应该要具备一些数学和逻辑知识吧。可这位女子一点批判性思维也没有。

还有些话女子没有说出口，但她心里应该是这么想的：

“天啊，我应该怀疑算命人的，这样我就不会被骗钱了。”

“我一时疏忽了，下次一定不会被骗的。”

“这个社会让我觉得我已经够聪明了，虽然我不太会判断别人说的话。”

如果这位女子不是个卖保险的，而是个律师呢？如果她是陪审员呢？那么法律体系会出现什么差错？我不敢评价联邦法院，但从我第一次去曼哈顿法院当候选陪审员的经历来看，我大概可以猜一猜这些问题的答案。作为一个成年公民，我在同一个地方甚至是同一个区生活了这么些年，可直到最近才收到了陪审员的候选函。

一般居民住在当地时间超过了最低居住期限就可以成为陪审团候选人。我所知的打官司的程序都是从黄金时段的电视节目中了解的。法庭上就是几个能言善辩的律师和一些摇摆不定的陪审员。

1997 年 11 月，我已经在曼哈顿居住 3 年了，终于收到了候选函。要前往法院的时候，我心里十分乐意，一种身为国民的自豪感油然而生。我甚至穿上了我最好的花呢外套。我以为会在等候室等很久，于是就带上了我的笔记本电脑和报纸用来打发时间。

候选的大约有 50 人，他们中有些人看起来有些憔悴，一副不耐烦的样子。这已经是他们第三天也是最后一天来这里等候了。其他人则和我一样是新来的，都张着眼睛好奇地观察。等候室角落的电视机正放着节目，只是电视机的位置太高了，没人能够得上换台的按钮，也没人知道遥控器在哪儿。

我不怎么看日间的电视节目，所以我也分辨不出电视上的节目是不是新奇有趣。只是那天，电视里恰巧放的是杰拉尔德·施普林格连续 4 小时的马拉松式脱口秀。我从没看过这档节目，也不了解主持人的采访风格和节目对嘉宾的选择。

我们都坐在等候室的桌子旁或沙发上假装忙着重要的工作，尽可能无视电视上的节目。这时，两个嘉宾在脱口秀上大打出手，我们的眼球都被节目吸引了，大家都张大了嘴惊讶地看着。我想这种情况应该很少见吧，然而并不是，接着又有一组嘉宾开始打了起来。

我忘了他们为什么打架，好像是因为某女生的异装癖男友和她的父亲有染。我们就坐在那儿看着一组组嘉宾不停地打架，节目也播放了一集又一集。我们竟然没心没肺地看着每个被误会的嘉宾哈哈大笑。下午早些时候，我终于要去陪审员的甄选环节了，我们当时刚刚看到电视上最无法无天的节目，拍摄地点居然是在纽约刑事法庭的神圣大厅。

我们在真正的法庭外面等了一会儿后，主审法官请我们中的一部分人进去接受律师的询问。随后一部分人在我之前进了法庭，我很好奇律师问了什么问题，以及他们是怎么回答的。这些问题的目的是要看陪审员是不是对被告抱有这样那样的偏见。当时被告在场，也完全看得到他的律师。

他们会问我什么问题呢？我会抱有什么偏见？有一点是肯定的，那就是他们一定会极尽所能地了解每个人的工作。当时我在普林斯顿大学的一个貌似是研讨班的地方任教（作为客座嘉宾做讲座）。律师是这么问我的：

你的工作是什么？

天体物理学家。

什么是天体物理学家？

天体物理学家研究宇宙，描述和预测宇宙现

象的物理学原理。

你平时做什么工作?

做研究、教书、管理。

你上的是什么课?

这学期我在普林斯顿大学的研讨班教科学证据的批判性评价与人类证词的相对不可靠性。

没有别的问题了，法官。

20 分钟后，我已经走在回家的路上了。

我想我应该为没被选为陪审员而感到高兴。这意味着我可以回去工作或是回家和家人在一起了。但我有些沮丧，不是为我自己，而是因为我们的法律体系竟然拒绝理性思维。

我现在能理解为什么 O.J. 辛普森和殴打罗德尼 · 金的警察可以在铁证如山的情况下被无罪释放了。显然，法庭上律师编造的情感上的真相要比事实真相更重要。我越来越为那些无辜却在法律体系中受到陷害的人担心。

据我所知，法庭上提问证人的问题常常由是、不是和一些其他选项构成。但是物理学原理可不能接受这样的回答，不然肯定会严重扭曲事实。我在海顿天象馆工作的第一年，有位律师打电话向我询问某起在特定地点发生的车祸当天的日落时间。

我当然可以准确地回答他，可他又接着说，他真正想知道的是那天几点天黑。他觉得太阳一旦落入地平线，天就黑了，所以他要把日落时间同事故发生的时间做比较。既然他要知道什么时候天黑，问题就不该这么问了。他应该问：“夜晚的感光路灯什么时候亮起来？”但即便他这么问，事故当天的云层情况和附近建筑的影子都会对“正确”的答案造成影响。

虽然我没有被选为陪审员，但我曾出面做证给一个撞车致死并逃逸的车主定罪。车主有一张自己的照片，他称这张照片是在车祸发生时拍的，他当时根本不在现场。辩护律师问我是否能通过照片上人和车影子的长度推测出照片拍摄的时间。我说当然可以。如果事发的地点和日期是确定的，那么已知某个物体日影的长度和方向，就可以推算出唯一一个时间。

我运用我擅长的关于太阳、月球和行星的知识，简单测量了一下照片上影子的长度。随后，我推算出了照片拍摄的时间，前后误差为 12 分钟。这个时间距离案发时间好几个小时，嫌疑人没有不在场证明。我从 14 岁起就知道如何通过日影推算时间，嫌疑人肯定没有料到这一点。在宇宙的法庭上，物理学的原理既不说谎，也不会受到任何人情感立场的左右，对每个人都公平。

科学研究者运用的科学研究方法并没有像人们想的那样神秘和陌生。研究者通过科学的方法尽可能减少获取和解读数据时产生的偏差。错误和偏差最大的源头在于做实验的人。过去，研究者的心情、态度、政治倾向、偏执心理和偏见都会影响数据的完整性。

天文学史上最著名的有过重大失误的科学家要数帕西瓦尔·罗威尔了。他在研究火星时，称自己“看到”火星上有运河网络连接着两极的水源地带，水流滋养着沿岸的植被和城市。他觉得整个公共设施都是智慧的火星人建造的。罗威尔还把他看到的景象画成了具体的地图，由此激发了整整一代人对太空生活的幻想。要不是罗威尔成了一位顶尖的天文学家，以对太阳系第九大行星的系统性研究闻名，并且他的研究还直接促成了冥王星的发现，否则他的这个失误可要贻笑大方了。没有录音机、照片和其他收集数据的途径，人类凭肉眼观察事物的缺点显而易见。

既然如此，为什么法庭要把目击证人的证词视为最理想的证据？一个或多个目击证人就能置你于死地。然而，天体物理学的数据虽可能有误差，但至今没有人因此丧命。

有时候，不懂物理学知识会造成天真甚至有趣的结果。从高二开始到研二，在体育活动上，我都主攻摔跤。我并没有因为热爱摔跤就忽略学术研究，尽管如此，我还是很重视体育锻炼，其主要原因（我后来才知道）是社会对我有所期待，而不是我自己想从事体育事业。我是我们高中的摔跤队队长，到了大学则是 190 磅重量级摔跤代表队的队长。这个重量级的队员最好保持体重，因为再涨一磅就要进入下一个重量级——“无限制”重量级。

很多体育项目像是赛艇、游泳和越野滑雪都需要运动员有极强的体力。但是，如果你摔过跤的话，你就会发现摔跤是最费力的运动。你要做的就是把你的对手背朝下撂倒在摔跤垫上，只要他维持倒地约一秒钟，你就赢了。整场摔跤比赛只持续 8 分钟。

如果你想当一个好的摔跤手，你必须得有强健的肌肉，特别是发达的上肢肌肉。你还得身体灵活，动作敏捷，还要有近乎无穷的耐力。最后，你还得在潜意识里根据物理学原理在脑海中勾勒一幅向量图。要把对手撂倒，你得知道平衡点、临界点、力量点、弱点、质心[1]和杠杆点，这些都是指导动作的重要因素。这些要求我大都符合，不过我可能太灵活了，我比自己遇到过的几乎所有的对手都灵活。

我当然也有自己的力量分析图。只是和我势均力敌的那个对手比我矮 4 英寸。我们的体重一样（190 磅），对手的体脂更少，所以肌肉块更大。根据生物物理学，肌肉

[1] 质量中心简称质心，指物质系统上被认为质量集中于此的一个假想点。

的力量和它的横截面大小成正比，所以我显然一直处于弱势。比赛中，我的策略就是避开对手的上臂钳制，尽可能不让自己的质心过高于对手，我的对手则要抵挡并制服我长而不灵活的四肢。

1990 年上半年，在哥伦比亚大学博士毕业后，普林斯顿大学天体物力学系请我去做博士后研究助理。当时，我已经过了最适合摔跤的年纪，但我还是会偶尔和大学的摔跤队切磋切磋。参与博士后工作的第三年，PBS 电视台[1]邀请我参与一部叫作《突破：美国科学界变化的面孔》的纪录片剧集的拍摄。剧集介绍了十几位活跃的科学家，他们都来自少数族群，且没什么代表性。其中有一集叫“最艰难的历程”，制作人是引用我 1991 年博士毕业典礼演讲中的内容给剧集命名的。剧集时长是一个小时，我在里面参演了 17 分钟。我参与的这一集介绍了两位物理学家和两位天体物理学家。这部剧的一个目的是要让观众全面了解这些科学家的生活和他们所处的时代。在介绍我

[1] PBS，全称 Public Broadcasting Service，美国公共电视网。

的部分中，制片人没来由地展现了我婴儿时期的照片和童年时拍摄的家庭录像，这确实略显尴尬。制片人和制作团队还记录了我去南美的安第斯山脉的经历，他们收录了我在托洛洛山美国洲际天文台通过望远镜观察夜空的几个片段。

回到校园，他们还想拍摄我在普林斯顿大学摔跤队摔跤的场景。可惜的是，摄像师从来没拍过摔跤手摔跤，显然也不知道其中的物理学知识。他无法判断什么时候摔跤手的动作会给自己或对方带来优势。在试探的过程中，有一个动作我从上面开始进攻，却让质心变得太高了，于是对手控制了我的支撑点。我试图钳住他的手臂和身体，但失败了，最后被重重地摔到了地上。这部分录像当然被他们剪进剧集里了，几百万观众都会看到。事后，我问制片人剪辑的事情，他却说：“但是你看起来好像赢了。”

作为一个优秀的，甚至是职业的摔跤手，大概在 35 岁前我都保持着良好的体格。看来哥伦比亚大学公共信息办公室发现了我的这一特质，于是请在普林斯顿大学工作的我参加 1997 年性感科学家日历的拍摄。他们通过邮件联系到了我。

日期：1996 年 2 月 19 日　星期一　11:33:07

发件人：罗伯特 · J. 尼尔森

收件人：ndt@astro.Princeton.EDU

主题：性感科学家

你好，尼尔！

我是哥伦比亚大学公共信息办公室的鲍勃 · 尼尔森。

你听说过性感科学家日历吧。去年，NPR 电台[1]《科学星期五》[2]的制作人凯伦·霍普金斯

[1] NPR，全称 National Public Radio，美国国家公共电台。

[2]《科学星期五》是一档关于科学和科技的栏目，每周五播出。

今年刚创立这个日历，现在正在为明年的日历寻找更多的性感科学家。放心吧，日历上的每个人都是穿着衣服的，我在哥伦比亚大学的办公室里正挂着一幅。虽然霍普金斯女士强调参与者身材的吸引力，但是我想她应该在寻找各个方面都很优秀的科学家（也许不是指肉体层面上的优秀），他们兴趣广泛，完全不是人们普遍认为的书呆子的样子。

如果你有兴趣，请联系我们，也许普林斯顿的公关办公室也会有兴趣。

谨上

鲍勃·尼尔森

哥伦比亚大学公共信息办公室

我给他回复的邮件很简短：

日期：1996 年 3 月 8 日　星期五　18:52:53

发件人：尼尔·德格拉斯·泰森 <ndt@astro.Princeton.EDU>

收件人：罗伯特·J. 尼尔森

主题：性感科学家

亲爱的鲍勃，

感谢你邀请我参加 1997 年性感科学家日历的拍摄，我倍感荣幸。

我一直努力让自己因为渊博的学识而非性感的身材受到尊敬，我想我做到了，所以不希望自己长期的努力白费。

祝你们招募顺利。

敬上

尼尔·德格拉斯·泰森

普林斯顿大学天体物理学系

虽然我不后悔谢绝了他们，但他们的邀请还是让我倍感荣幸。既然在得克萨斯州的时候，我都没有随着“大火球”的音乐跳脱衣舞，这次我也不会摆出性感科学家的样子让他们拍照，然后被印到全国发售的日历上。

话虽这么说，但4年后，在2000年的夏天，我被《人物》杂志年度最性感男性合刊评为当今最性感的天体物理学家。这次我没有拒绝。作为一名科学研究者和教育工作者，我已经得到了人们的广泛认可，这样的宣传不会对我的事业造成大的影响。

《人物》杂志最性感男性合刊中选取了13位最性感的男士，其中一位脱颖而出，被评为最性感的男性，照片还会被印在封面上。这一年的封面人物是布拉德·皮特。而我们其余的人则代表各自所属类别的最性感男士，有些类别每年都有，有些则不是。重复的类别有最性感动作明星、最性感新闻主播、最性感作家和最性感政客。

你应该已经猜到了，天体物理学家不是一个每年都有的类别，可能下一年就被最性感地质学家、最性感海洋学家和最性感会计取代了。我也会很快就忘了他们的采访。他们问我的问题都是“你的发型师是谁？”“你喜欢哪个设计师设计的服装？”“有女性常常围着你转，想和你搭话吗？”然后这个女记者还问我哪些人对我性感的一面有发言权，并想要她们的名字和电话号码，其中包括我的妻子、前女友和其他的人。

我根本不知道该怎么回答，就把海顿天象馆图书管理员桑迪·基特的名字和电话号码告诉了记者。她当时正在写爱情小说，已经写了 20 多本。我想桑迪应该能编出记者想要的回答。然而，最后杂志上登着的却是采访我妻子的内容。记者问她，我第一次带她去屋顶通过望远镜看星空时，她有什么反应？我妻子是一位数学物理学家，她当时根本不为所动，还希望我的求婚告白能更有创意一点。

直到现在我还是不知道该怎么把“最性感天体物理学家”的称号写进我的履历里，但我知道世界上还有一些其他的天体物理学家。我想我至少比斯蒂芬·霍金性感，但除了他之外，赢家就不那么明显了，肯定是因为我是海顿天象馆的馆长吧。所以我并不因为这个事情得意，我的同事和朋友们还在因此取笑我呢。

运用知识和物理学原理，你也可以让自己看起来更加强健有力。读研究生的时候，我去意大利阿马尔菲海岸参加天体物理学会议。会议这天早些时候，我和妻子正乘坐当地的公交车环游海岸附近的小镇。公交车会带我们去各种当地的商店和餐厅。你可能料到了，连接所有小镇的道路只有一条，很窄而且曲曲折折，几乎靠近布满岩石的海岸。

在行驶过程中，我们突然看到有辆小汽车随意停在路边，车头朝前，车身倾斜着，正好停在一个急转弯路口的边上，拦住了我们前往某个小镇的去路。于是司机开始鸣喇叭，喇叭声音又长又刺耳，但是车主根本不在这儿。路上的车辆越来越多了。很快，我们后面多了大约 20 辆汽车，急不可耐地堵满了整个弯道。当地人不断向公交车司机做手势要他赶紧转弯。

10 分钟后，我们的司机终于放弃了，他关了发动机，坐在过道里开始抽烟。这段时间里，我一直在想怎么解决这个难题，而且终于想到了办法。在意大利的这个地区，当地很少有人比我高 4 英寸以上，比我重 50 磅以上，或者比我黑 100 度，所以我在人群里本来就显眼。现在，他们可能更会永远记住我了。我站起来下车走到公交车前面，走向那辆小汽车。接着，我蹲下身子，双手抓紧车尾的保险杠，铆足了劲儿向上举。然后，我把车向旁边移了大约3英尺，腾出了足够空间让车辆通过。我做这些的时候，旁边有四十几个人围观，他们都静静地看我，直到我成功移动了小汽车，他们才一齐鼓掌欢呼起来。

当时我觉得做这个事情真的没什么，但后来一想，我猜它可能会成为当地的一个传说。这件事包含了所有传说应该具备的条件，可能会代代流传，而且人们也难免把它夸张化。我已经可以预见这个传说了。“大力士传奇：有一个来自埃塞俄比亚的陌生人来到了我们的镇上，他壮得像头牛一样。他沉默寡言，四处流浪，没人知道他的名字。他刚来到镇上，一辆当地公交车在开到山上的时候，刹车突然失灵，就要滑下山坡，小朱塞佩正牵着他奶奶的手过马路，眼看就要撞上。这时，埃塞俄比亚陌生人健壮的身躯突然挡在了公交车前面，他徒手就让车停了下来，然后抓住了车的前半部分把它甩向了一边。”

实际上，首先，出现在意大利小镇的欧洲制造的汽车一般都相对较轻。其次，随意停在欧洲狭窄道路边的汽车应该是车头朝前的，而且大多数车的引擎都在车头，所以是轻的那头（车尾）挡住了道路。

比起任何没有其他辅助工具的方法，一个人蹲举可以抬起更多的重量。蹲举的时候，你可以唤起你大腿肌肉的力量，而大腿肌肉是全身最强壮的肌肉。大腿肌肉负责抵抗重力，而不是肩膀、手臂、背部的肌肉。世界纪录显示，人最大的蹲举力量可达一吨。利用蹲举力量抬起汽车较轻的一端虽然不像举起手推车较轻一端那么轻松，但也差不了多少。

橡胶和水泥之间的摩擦力是两个物体表面之间所能达到的最大的摩擦力。也就是说，如果你要把汽车从水泥路面上推向一边，你的推力几乎要等同于汽车本身的重力（这基本是不可能的）。推动汽车的秘诀在于，你要先给车尾施加一个向上的力，等到汽车的向下的重力少于你自己的重力，你就可以一寸一寸慢慢地朝着需要的方向推动汽车了。汽车的重量大概是 1500 磅（至多），而车的两个前轮已经承受了 2/3 的重量。按照物理学原理，你只要先向上施加大概 200 到 300 磅的托举力，就能轻而易举地把车推向一边了。

我没有再去过那个小镇，也不知道镇上的人有没有因为我的事迹给我建座雕像。但是时间已经过去够久了（十多年了），如果这件事注定要成为传说，早就在当地广为流传了。

美国主要的新闻媒体总部都距离海顿天象馆不到一英里，所以每当有了最新的宇宙发现，我就成了他们很容易请到的快评嘉宾。1996 年 2 月，一颗新的太阳系外行星被发现了，于是 ABC 新闻[1]的工作人员到海顿天象馆邀请我当晚去电视台和主播彼得·詹宁斯一起对此事件作出评论。我的评论只是新闻节目的一部分，电视台还采访了行星的发现者和其他人。

我们无法直接观测到系外行星，只能通过系外行星的主恒星的引力效应来推测系外行星的存在。而这种引力效应在我们看来只是主恒星在其位置上晃动了一下。我又向

[1] ABC 新闻（ABC News）是指美国广播公司（ABC）播出的新闻节目的总称。

采访者解释了如何用恒星光谱的多普勒频移来推断行星的存在，这正是我最擅长的部分。我又说道，主恒星对行星引力的反应更像是一种轻轻地摇动，为了更好地解释，我轻轻摇了一下臀部。

尽管我觉得我对这个发现的解释很学术化，还以为媒体会提取一两个关键词，但那晚播出的相关新闻里都有我在摇屁股。从那以后，每次有媒体采访我，我都会克制住自己不要借助身体动作来解释科学现象。

1996 年 5 月，距离上次采访只过去了几个月，我碰巧和美国自然历史博物馆的其他高层一起到美国国家航空航天局总部参加一个会议，一起研究我们的互利项目。国家航空航天局并不觉得自然历史博物馆相比国内其他的博物馆有什么特殊之处，所以我们和国家航空航天局工作人员的会面正式而热情。

离开航空航天局总部后，我们中一个成员的手机响了。来电的是博物馆的通信部。ABC 深夜节目组刚向我们咨询了火星最新的重大发现，并询问我是否有兴趣当晚去电视台参与讨论。我知道所有国家航空航天局的探测器在太阳系中的位置，没有一个探测器可能在火星上有突破性的发现。在我们和博物馆，以及博物馆和深夜节目组通了 15 分钟电话后，我终于大致知道了国家航空航天局即将宣布火星上可能有地外生物存在。这个结论只能是通过分析火星上的陨石得出的。

我同意接受采访，但前提是我得有原始的学术论文和足够的时间来研究这个成果。几乎每次我受邀参加新的宇宙发现的评论，主办电视台也会邀请研究出这个成果的科学家。这样一来，我就不必向采访者讲述这个发现的重大意义及其远大前景了。

当晚，我来不及搭飞机去纽约接受采访，于是我在 ABC 在华盛顿的工作室代表海顿天象馆和美国自然历史博物馆接受采访。栏目制片人给了我一份看起来像是盗版的原始学术论文，给我 90 分钟的时间研究。那份文件是经过专业研究写出来的，你也能想象，对研究成果的描述也十分节制和具有试探性，可是，你不可能通过阅读论文的一个个标题就知道这些研究成果。

总统史无前例地在白宫的草坪上召开了国家航空航天

局的记者招待会。航空航天局局长首先做了自我介绍。他讲述了一两件自己童年探索科学的往事，其中包括去海顿天象馆参观。我不知道他是不是因为我们前一天刚见过面才提到了海顿天象馆，但对于观看直播的纽约人来说，这确实是一个温暖的问候。

记者招待会这天的晚上，CBS 电视台[1]晚间新闻采访了国家航空航天局局长、论文的主要作者卡尔·萨根（我曾与他通过电话）和我。我非常荣幸能和他们一起接受采访。更让我高兴的是，我们的评论和观点也许可以让观看电视的几百万美国民众对此次发现有一个更好的科学的了解。从媒体的狂热也可以看出此次发现的重要性。然而，阴谋怀疑论者们确信，所有沸沸扬扬的宣传都是一夜之间的噱头，目的是增加国会对国家航空航天局削减的资金。国家航空航天局的资金确实有了小幅度的提升，但反对者显然没有看过学者们花费多年心血撰写的科研论文。

我不是唯一可以用专业知识为该成果佐证的科学家。

[1] 全称 Columbia Broadcasting System，美国三大全国性商业广播电视网之一。

6 个博物馆的科学家都具备关于火星岩石的专业知识，值得媒体采访。我们中有生物化学家、陨石专家和太阳系专家。几乎每周，十几个研究部门中的某一位科学家都会接受媒体访问，回答他们关于最新的科学发现的问题。美国自然历史博物馆可不是一般的博物馆。

在某次的媒体访问中，电视台正急于寻找天体物理学家，这时，有报道称，声名狼藉的小行星 1997 XF11 可能会撞击地球。可以预见，此事会在媒体上掀起轩然大波。这天是 1998 年 3 月 11 日。第二天，距离报道还未超过 24 小时，撞击地球的威胁就被撤销了，因为在更加精确的计算后，发现小行星将会偏离地球 60 万英里。ABC 世界新闻突然致电给我，请我解释到底发生了什么。他们派了彼得·詹宁斯——他们的王牌主播来和我一起做一场现场直播，可我确实没有经历过这个。

于是我穿上了我最好的黑西装、最好的有法式袖扣的衬衫，系上了我最喜欢的带有新颖天文图案的领带，来到了 ABC 电视台在曼哈顿西第 67 街的直播间。

我有五六十条领带，其中一半上面的图案都能令人想起天文学主题。有些图案很傻气，比如有个航天飞机直直地在领带上发射。另一些图案则装得好像很有艺术气息，就像在刻意模仿梵高的名画《星空》。图案上有尖尖的扭曲的灌木、小镇上教堂的塔尖、一些模糊的星星和一弯新月。这些东西都灵动地分布在我的领带上，就好像梵高在一条竖直的布料上画出了这幅画。我还有另一些天文学元素的领带，主题十分鲜明简洁。我上彼得·詹宁斯的直播就戴了这样一条领带，黑色缎面底上随机分布着一些金黄色的星星、月亮和彗星。

采访一般都持续两分半钟，彼得·詹宁斯问了我这颗小行星是怎么被发现的，为什么一开始被认为是危险，后来为什么又被认为是安全的问题。采访到最后，不知怎么的，詹宁斯好像忍不住想说点什么，最终他在 200 万观众面前蹦出了这四个字：“领带不错！”

采访结束后，我离开直播间，十几位工作人员，包括写台本的、编辑和摄影师都围了过来。他们都很惊讶詹宁斯没有完全按照台本采访，他几乎从来不会这样。在接下来的一天里，我收到了几十封电子邮件。给我发邮件的有陌生人也有朋友，他们都恭喜我完成了采访，还在最后幽默地附上一句标志性的夸奖——“领带不错！”我的高二英语老师伯纳德·库廷先生也给我发了邮件，大家都知道他喜欢机敏地嘲讽别人。

9月份有很多犹太人的假期，高中时，有一天我翘课了，后来我的一个同班同学告诉我，库廷老师上课时发现我不在后，就问全班同学“泰森拉比[1]去哪儿了？”高中毕业后，我再也没有见过或听说过库廷老师。我每天都会收到60封电子邮件，但我永远也忘不了他在我接受完彼得·詹宁斯采访的那晚给我发的那封只有一句话的邮件：

日期：1998年5月13日　星期五　09:32:36

收件人：tyson@astro.amnh.org

发件人：伯纳德·库廷

我觉得你的领带也不过如此。

——伯纳德·库廷

[1]拉比是犹太人中的一个特别阶层，是老师也是智者的象征。

我拥有一颗自己的小行星。确切地说，我有一颗铁镍元素的小行星。这颗小行星曾以每秒几英里的速度"砰"的掉到地球上，后来被一个陨石搜集者找到，又出现在纽约的一个拍卖会上，最后我出价收购了它。这块陨石有几磅重，和我的手掌差不多大。从表面的条纹可以看出，它在 46 亿年的星际之旅中经历过一段时间的爆炸。成交价格是 1300 美元，这可是我买过的最贵的镇纸了。

在同一个拍卖会上，又有一块大一点的陨石激起了我的兴趣。那也是一块铁镍元素的陨石，但有 15 磅重，大小和重量跟一个铁饼差不多。这块陨石的形状很有审美价值——中间有一个自然形成的边缘光滑的洞，所以向上放置的时候很像一个甜甜圈，完全算得上是一件艺术品。我明显比其他人更想得到这块陨石，因为我很快就成了最后的两位竞拍者之一，另一个竞拍者在加利福尼亚，他通过电话向拍卖人报价。这位身份不明的电话竞拍者和我交替着报价竞拍，很快价格就到了我预想的数值。又过了一会儿，我的显然不及这位电话竞拍者，他也对拍卖品非常有兴趣。

几周后，我从拍卖行得知和我竞价的是一位著名的科幻电影制片人。显然，不管那天下午我准备花多少钱，我也不可能把那块陨石带回家。但我已经不那么失望了，至少有位优秀的电影制作人和我一样对一个可验证来源的天外来客感兴趣。

虽然拍卖会不太尽如人意，但 2001 年国际天文联合会以我的名字给一颗小星星命名，以此向我致敬，感谢我致力于研究和传播宇宙知识。搜寻彗星和小行星的守护神大卫·利维发现了这颗小行星，并在我不知情的情况下用我的名字给它命名。即便关于是否要将冥王星踢出太阳系真正行星的行列，我们的意见相左，他还是这么做了。利维也是冥王星发现者克莱德·汤博的传记作者。

很明显，利维是支持冥王星作为太阳系九大行星之一的。以我名字命名的小行星位于小行星带[1]上，与地球的距离约是地球到太阳距离的 2.5 倍，是数以万计的小行星中的一颗。它的官方名称是“13123 泰森”，但我可不能

[1] 位于火星和木星轨道之间的小行星密集区域，呈环带状，故名。97%的小行星聚集在这里。

太骄傲，毕竟前面还有 13122 颗小行星是以他人的名字、地名或物品命名的。尽管如此，我还是感到很荣幸，我也很高兴，最近一次观测这颗小行星的时候，它没有冲着地球飞来。

在所有太阳系的小行星中，只有几颗可以通过小型望远镜观测到。小行星（asteroid）一词可以理解为“像星星一样”（starlike），因为除了和其他星星不同，它们在夜空中不停地运动，它们看起来确实就像普通的星星。而行星则明亮得多，我们可以通过望远镜清晰地辨认出它们，它们是一个个天体，是宇宙中的异域。

在一年中的大多数时间里，金星、火星、木星和土星都比天空中其他的星星明亮。也就是说，太阳下山后，它们这些行星是最先显现出来的（现在你知道为什么你傍晚向某颗星星许的愿望一般不会实现了吧）。

这些肉眼可见的行星绕着太阳运转，水星的公转周期最短，只有 88 天，土星的最长，是 29.5 年。月复一月，年复一年，不同的行星在夜幕降临之际都率先粉墨登场。因为几乎所有的行星都在太阳系的一个平面上运动，所以从地球上看，它们中的两个或多个会时不时地在天空中出现连珠现象。所谓的连珠，就是在行星运行到某些角度范围内时，通过家用双筒望远镜看去，它们会很漂亮地排成一排。虽然行星连珠并不比在某一时刻看到所有行星罕见，但这种景象更加美丽。我在普林斯顿大学天体物理学系做博士后研究员时，有个中文系的研究生打电话向我请教问题。他当时正在翻译一本中国古代的手稿，上面记载了一起导致整个王朝倾覆的宇宙事件。他怀疑那个宇宙事件就是行星连珠，于是我邀请他过来。

我办公室的电脑里有几个能带来如同在海顿天象馆观测天空的体验的程序。不管是在哪一年、哪一天，还是在哪一时刻，这些程序都可以展现当时太阳、月亮和行星的位置。时间可以跨越到几千年前和几千年后。有些程序更加优秀，即便是跨越很长时间，也能保持良好的精确度。这位研究生把中国的历法换算成了公历，称这个带有预示性质的宇宙现象发生在公元前 1960 年至公元前 1950 年之间。保险起见，我把发生行星连珠的时间跨度调整为公元前 2000 年至公元前 1900 年。

我并不知道参与行星连珠的是哪几颗行星，也不知道在古代中国，行星之间出现多大的角度是不吉利的。我先筛选出了木星、金星和火星的连珠，然后找寻两颗行星之间分离的角度少于20度的情况。然后，我发现公元前1952年2月25日清晨，夜空中5颗肉眼可见的行星——水星、金星、火星、木星和土星都偏离彼此不到3度。

我激动得连计算器都掉了。如果你单单看火星、水星和金星，你会发现它们之间分离的角度不到半度。3度的角度非常小，只要你伸出手，你的指甲盖就可以盖住全部5颗行星。如果有人需要一个借口来颠覆整个王朝，这个现象再好不过了。我又继续观察，发现公元前3000年到公元3000年之间，再也没有如此壮观的肉眼可以观察到的行星连珠了。

我刚刚研究完中国的行星连珠现象，海顿天象馆的蔡司模型6号星空投影仪就该换了。投影仪是20世纪60年代安装的，现在也该升级了。

我们组建了一个小组，到世界各地寻找可以代替它的现代投影仪。我们去了德国耶拿的总部，到蔡司天象馆的测试穹顶里看最新的模型 8 号投影仪。就好像你在买车前要往轮胎上踢上一脚，为了测试性能，我让技术人员呈现给我公元前 1952 年的天空。这个跨度超出了测试程序的设计范围，但他们还是照做了。于是裸眼行星投影仪的镜头完全放大，随着设定年份的推后，行星的投影在星空背景上不断变换。

到了公元前 1952 年 2 月 25 日清晨，所有的行星终于紧密地聚集起来，我们都松了一口气。技术人员和我都很高兴。

现在，我都用中国的行星连珠现象来测试所有的软件和星空投影仪。

不管行星如何排列，我都非常热爱它们。我出生的那天，水星、金星、木星、土星、天王星、冥王星、太阳和月亮都在天上。行星通常会给我带来好运，虽然我并不相信运气这种事。但是，1996 年总统大选前一周，NBC 电视台晚间新闻节目组携主播汤姆 · 布罗考开播了一档叫作“修复美国”的系列短片。短片中，有名的或是不那么有名的各界人士都会接受采访，说说美国社会有什么问题。

这些人还会进一步提出该如何解决他们说的这些问题。节目组选中我为其中一个短片拍摄视频，摄像组选了海顿天象馆天空剧院作为拍摄场地。

在镜头中，蔡司星空投影仪就在我的左侧，而巨大的土星影像就投影在穹顶上，正好飘浮在我的右肩上。我终于能和我最爱的行星合影了。那天，我给美国社会提出了我能给出的最好的建议。我觉得对选民来说，科学素养是有用的，甚至是必须的。有了科学素养，选民才能在充分了解事实后慎重考虑，对当今社会与我们生活息息相关的问题做出决定。我又继续说，公众对探索宇宙的兴趣非常高涨，这有利于引起孩子们对科学的兴趣。我和土星——我桌面台灯的素材在一起，采访能出什么差错？

在这个每日播出的“修复美国”短片里，一般每次出现两三个人。出于好奇，我问了制片人除了我之外，他们还采访了谁。将和我一起出现在节目里的还有一位中西部大学的足球教练和大都会歌剧院的歌唱家杰西·诺曼。

第二天，新闻中的短片播出了，播出顺序是杰西·诺曼、我、足球教练。镜头里，我在天空剧院，身体两边是土星和星空投影仪，看起来非常有异域感，好像我去行星轨道上拜访了土星，而不是土星的影像来地球上拜访了我，但那都不重要了。

我说的一切内容都完全被杰西·诺曼发言的光芒盖过。她当天的发言直指共和党总统候选人的言辞。这位候选人在选举演讲中一直提到穷人要自力更生。“自力更生”指的就是减少福利名单计划。

杰西·诺曼容光焕发，前庭饱满，两弯高挑的眉毛极富表现力。她的嗓音会让你想起某个经典演说家。她的威严、庄严的仪态和美丽的长裙配得上世界上任何一座王座。她的智慧和清晰的思路显而易见。

诺曼女士用一种歌剧演唱家独有的戏剧式腔调清晰有力地说出了每一个音节：“我们应该关照彼此。我们不能允许政客们认为穷人不值得关心。他们根本没有能力自力更生，因为他们连基本的生活保障都没有。”

停。打印。最后一段。新闻结束。

从她开始说话的那一刻，我就知道我微不足道的关于科学素养的建议立刻黯然失色。节目组本该把我和土星的片段放到另一天播出，或放在别的场合播出，或者干脆放在剪辑室的地板上不要拿出来丢人现眼了。

另一颗在我人生中特别是最近有突出影响的行星就是冥王星。1999 年 2 月，我在《博物志》期刊上发表了一篇名为《冥王星的尊严》的论文。发表论文的时间并不是随机的。那个月，冥王星又运行到了远日轨道上，成为距离太阳最遥远的行星，在那之前的 20 年间，天王星一直都是距离太阳最远的行星。冥王星特有的狭长的公转轨道和天王星的轨道相交，在其公转的 248 年的周期中，轨道相交的时间为 20 年。在我的论文里，我提出要取消冥王星长期存在的行星地位，而把它降级为类似太阳系外发现的彗星一类。我的理由很简单，冥王星从来都不适合作为太阳系行星家族的一员，它是所有行星中体积最小的，其他行星的 7 颗卫星，包括地球的卫星——月球都比它大，而且冥王星一半以上的物质都是冰。如果你让冥土星接近太阳，让它距离太阳就像地球到太阳这么近，它就会像彗星一样产生一条一亿多英里长的“尾巴”。行星怎么可能出现这种现象？ 1992 年的发现则提供了最确凿的证据。人们发现天王星轨道之外的冰冻天体和冥王星更为相像，其相似之处比冥王星和其他行星的相似之处更多，所以我们只能把冥王星开除出行星行列，让它归为其他天体类别。但冥王星也不是完全没戏了，它将从太阳系最小的行星变为类似已知的太阳系外最大的冰冻天体。

大概从2月10日开始，无数的邮件开始涌入我的邮箱。我知道小学生很喜欢冥王星，但我没料到他们竟然会发起“拯救冥王星”这样的运动。现在，我有一抽屉的来自好几百个小学生的反对信（还带有他们科学老师表示支持的附函）。他们都请求我改变对冥王星的立场。有封信里还包含了某个学校三年级全体学生的照片，他们都站在教室前的台阶上，拿着条横幅，上面写着“泰森博士——冥王星是一颗行星！”还有封信是来自冥王星保护协会的。这个协会就设在亚利桑那州洛厄尔天文台附近。1930年，科学家在这个天文台进行摄影搜寻，最终发现了冥王星。还有人给我寄了一份报刊文章和我的简介。这篇文章将在下个月刊登在《纽约观察家》报纸上，文章前面有一张头版头像（说明下面有篇比较大篇幅的文章），以及一个标语：“给冥王星降级的人”。

世界上能最终决定天文术语和分类系统的机构是国际天文学联合会。联合会召集全体委员来表达科学观点，而这些观点偶尔会与政治意愿相结合。为了不得罪大多数人（不像我发表在《博物志》上的论文），国际天文学联合会在冥王星的问题上持中立态度。它一方面允许人们继续称冥王星为行星，另一方面不禁止逐渐高涨的（也不可逆的）把冥王星归为彗星的运动。与此同时，我还要继续保证那些三年级小学生寄给我的包裹能通过安检。

大多数历史记录中，地球不被认为是一颗星球。一般来说，星球就是天空中常见的天体。这样的星球一共有 7 个，包括太阳和月球。地球是独一无二的、固定的，宇宙中其他的一切都围绕着它。美索不达米亚早期文明认为天上所有的星球都是神，而其中最强大的是 7 颗星球。

这些强大的神以它们在天空中的运行速度排列顺序，移动得越慢的星球就越古老而强大。土星是最慢的，而月球是最快的，所以这 7 颗星球按照由强到弱的顺序排列是：土星、木星、火星、太阳、金星、水星和月球。早期的美索不达米亚人，以及后来的罗马人都认为每颗星球每天都按照时间顺序主管着地球上的事务。统治一天 24 小时中第一个小时的星球就是这一天的主星。

一个简单的方法就可以用类似古人的方式给一周中每一天的主星排序。只要把星球按照运行速度排列成这样一个圈就可以：

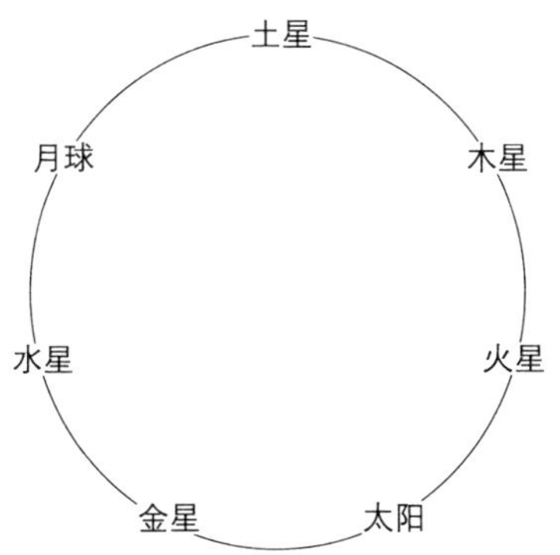

从这个圈里的任何一个星球开始（把这颗星球当作第一天的主星），把它当作第一颗星球，然后从这颗星球开始顺时针数到 24，每个星球就是“当前”这天的每一个小时，第 25 颗星球就是第二天的主星。然后你再把第 25 颗星当作 1 开始数，如此循环往复，一共数 7 遍，并把每一天的主星都排列起来，你就会得到如此排序的一周中的七天：土星 - 日（Saturn-day）、太阳 - 日（Sun-day）、月亮 - 日（Moon-day）、火星 - 日（Mars-day）、水星 - 日（Mercury-day）、木星 - 日（Jupiter-day）和金星 - 日（Venus-day）。用“安息日”代替星期六（Saturn-day），用“主日”代替星期日（Sun-day），你就得到了法语、意大利语、西班牙语和葡萄牙语中一星期每一天的基本拉丁语形式：Sabbata，Domenica，Luna，Martis，Mercurius，Jovis，Veneris。在一些西方语言中（包括英语），盎格鲁 - 撒克逊神的名字：蒂乌（Tiu）[1]、

[1] 欧洲传说中的战神，是主管法律和秩序以及处刑和决斗的神灵，同时也是西欧人在战前向其祈祷的主神。

沃登 (Wōden)[1]、索尔（Thor)[2]和弗丽嘉（Frigga）[3]转换为罗马语形式就成了星期二（Tuesday）、星期三（Wednesday）、星期四（Thursday）和星期五（Friday）。

几千年前，原始野蛮文化中的宗教神话十分盛行，我们很容易从中看出古人为何如此相信行星可以对人间产生神圣的影响。可当今社会还有人如此坚信类似神话，每天，这样的迷信思想还占据着报纸的占星版面，这着实令人费解。难道在现代社会，科学知识还不够普及吗？即便是最简单的科学观察，人们也不愿意亲身实践——没人仰望天空了，不然为什么人们还会为某些显而易见的知识感到惊讶？诸如，月亮会在白天出现；毫无疑问，北极星从来都不是夜空中最亮的星星；对于地球上的大多数人来说，太阳从来不可能在一天中的任何时刻，或一年中的任何一天出现在头顶正上方；虽然根据神话传说的描述，星座是各种动物和物件的形状，但夜空中的 88 个星座，大

[1] 北欧神话中的至高神，象征着宇宙间无所不在的精神。

[2] 北欧神话中的雷霆与力量之神。

[3] 北欧神话中的天后，掌管婚姻和家庭。

多数都是完全无法辨认的；行星在天空中来回运行，从太阳的这一侧运转到另一侧，它们的亮度会逐渐变亮，再逐渐变暗，又逐渐变亮。

到了晚上，各种各样的事物分散着我们的注意力：电视、多功能影厅，甚至是可以在电灯下阅读的书籍。在哥伦比亚大学读研究生的时候，曾有一个有浓重布鲁克林口音的老太太给我的办公室打电话，问我们昨晚她家窗外“悬浮”的闪着亮光的物体是什么。我知道傍晚的天空中，有些行星非常明亮，且容易被人看到，但我还是多问了她几个问题来验证我的猜想。她回答了我的问题，给出了诸如“那个发光体比马蒂熟食店的屋顶要高一点点”的描述。于是我对先前的猜想进行了筛选，最终根据亮度、指南针方向、距离地平线高度和她观察的时间确定了这个发光物体就是金星。这位老太太估计大半辈子都住在布鲁克林，于是我问她为什么现在才给我们打电话，她应该已经看到金星悬挂在地平线西侧好几百次了。她回答道：“我之前从没注意过。”

作为一名天体物理学家，我相当震惊。我问她住在布鲁克林的公寓多久了，她说“30 年”。然后我又问她之前有没有望过窗外，她说：“我之前一直把窗帘拉上的，但现在我把窗帘拉开了。”我自然又问她为什么把窗帘拉开了。“以前一直有幢很高的公寓挡在我的窗前，现在拆掉了。我终于可以看见窗外的天空了，真的很美。”

我每个月大概都会遇到一次类似的情况，各种各样的人都会来咨询我们。如果看到的不是金星，就是木星或是火星，不是行星，就是奇怪的云或闪着亮光的流星。这么多人打电话来问我们，他们花了自己的时间和精力问我们如此简单，但他们又确实不明白的问题。我不禁更加希望社会能破除迷信，拥抱知识，毕竟只要基本了解宇宙运行的原理，人人都能得到启蒙。

世界上的天体物理学家在人群中的比例一度维持在百万分之一，这可远远不够。这意味着，如果你坐飞机时身旁正好坐着一个天体物理学家，你最好一股脑儿地把所有你想知道的有关宇宙的知识都向他请教一下，因为你不

知道下次遇到一个天体物理学家会在什么时候。

除了现有的天体物理学家外，我们显然还需要一位来指导出品的每一部灾难片电影。城市凶杀案的发生率已经降到了半个世纪以来最低，电影产业再也不能把犯罪当作城市生活的日常事件。可是与浪漫喜剧或动作片、冒险惊悚片不同，大多数灾难片都需要科学知识来为他们的故事线提供主题。致命病毒、失控的基因、邪恶的外星人、怪兽和致命的流星都是科幻片常见的主题。

遗憾的是，科幻电影的科学知识几乎完全无法和它的情节相匹配，他们滥用自然知识的行为着实令人难以接受。

我指的不是简单的穿帮镜头，像是一个罗马的百夫长驾着战车时露出了腕表，或是长杆传声器的影子闯入了镜头。这些失误都是在无意间发生的。而我说的是制作者有意识，但却因为无知而犯的错误，比如逆放日落，把它当作日出，是因为摄影师太懒，在日出之前起不了床去拍真实的场景吗？日出和日落在时间上并不是对称的场景。

还有克里斯托弗·哥伦布站在圣玛丽亚角岛上通过望

远镜望向远方的镜头，可望远镜是116年之后才发明的。

因执导1997年的电影《泰坦尼克号》成名的才华横溢的导演詹姆斯·卡梅隆花费大量时间确保电影中所有能想到的细节都正确，从船体上铆钉的数量到餐盘上的图案都事无巨细，却独独在夜空的场景中犯了错。沉船当晚，北冕座确实在头顶正上方，但组成星座的星星的数量却错了。

为什么会这样？如果卡梅隆去过乌兰堡营地就不会犯这样的错误了。我打赌他肯定研究过完全符合电影年代的服装样式。如果船上的人留着大大的非洲圆篷式发型、戴着彩色长念珠、穿着牛仔喇叭裤，观众肯定要吐槽卡梅隆没有做好功课。那么，我难道就不能抱怨他在天文学上犯的错误吗？

我不只抱怨好莱坞电影忽略科学常识。纽约中央车站天花板上壮丽的星空呢？行色匆匆拿着笔记本电脑的上班族根本没有时间抬头仰望星空，对他们来说，车站的穹顶就是他们头顶的星空，可跟真正的星空一比较，车站天花板图案的方向却反了。

然而，车站负责人并没有承认他们的错误，反而在车站大厅里登出告示："有人说天花板的星空反了，但从太阳系外的视角望去，星空就是这个样子。"他们为了掩饰第一个错误又犯了第二个错误：在我们的银河系中，没有一个地点观测到的星空图会和地球上观测到的相反。如果你离开太阳系，到星际间遨游，从你的视角看，那些从地球上观测到的星座只会不断变得混乱，然后完全看不清。

我们的社会需要具备科学知识的评论家。为什么电影评论家只能提出诸如"角色太轻信于人了"或是"电影的主题元素与布景的情感基调发生了冲突"这样的批评？我希望，哪怕只有一次，听到一个评论家在回看 1939 年的经典电影《绿野仙踪》时说："魔法师给稻草人文凭的时候，它背错了关于毕达哥拉斯哲学的朗诵。"

评论家也可以在重温 1978 年关于杏眼外星人的经典电影《第三类接触》时评论道："在星际中穿越了千万英里的飞碟在降临地球时不用开着陆灯。"如果有人能发现史蒂夫·马丁 1986 年的浪漫爱情喜剧《洛杉矶故事》中月相变化的方向完全是相反的，我会很高兴。如果有一个评论家能在看 1998 年夏季的热门大片《世界末日》时提出：“如果一颗得克萨斯州大小的小行星要撞击地球，它应该在两个月前就被发现了，而不是两周前才被发现。”我会很欣喜。

只有当这样的错误受到重视，大众才能开始明白物理学原理在人们的日常生活中发挥着不可或缺的作用。

如果你想写一本书、拍一部电影或参与大众艺术创作，如果你的工作涉及自然原理，那么就请你向身边的科学工作者请教一下吧。如果你想获得歪曲自然原理的“科学许可证”或是改变夜空的本来面目，我建议你先了解一下事实，而不是编一个掩盖在无知表象下的故事。不管你艺术作品的主题是不是要毁灭世界，你可能会惊喜地发现：科学知识可以让你的叙述更加丰满。

实际上，任何提出过的或本该提出的科学主张都不断伴随着可信度的考量。大众媒体在报道最新的科学发现时，几乎不向大家宣传科学数据或演绎的内在不确定性。这种无意间的遗漏会传递一种微妙的误导性信息：科学研究的结果都是精密而准确的。这些新闻报道还经常会说科学家先前得出的是一种结论，后来又被迫得出另一种结论，或是在恍惚中回到了一种虚构的“天方夜谭”中。所以，如果你只从新闻媒体上得知科学信息，你可能会觉得科学家都傲慢自大，漫无目的，在他们自以为的真理之间摇摆不定，从来不会对基本的客观知识做出贡献。

但是，让我们来仔细分析一下。

大多数情况下，有职业素养的科学研究人员提出的新主张都是错误的，因为科学发现的前沿往往非常复杂且难以应对。我们知道这一点，所以更加努力地通过对新主张不确定性的估计来量化这种未知的程度。著名的“加减号”就是最为人们熟知的例子。我们一般对贫乏的数据进行不确定的解读，然后得出试探性的结论。半年后，别人的实验又得出了一组同样不充分的数据，于是又有了新的解读。这个过程可能会持续几年，甚至几十年，而同时新闻媒体却无论如何都要报道一些无懈可击的内容。

最终，我们能得到完整准确的数据并达成共识了，但由于时间太久，这个结果已经不再适合新闻快报了。有些研究特别容易被过度解读，比如环境对人类健康的威胁，或摄取食物对疾病和长寿的影响。不完善的新闻报道给经济带来的影响，以及华尔街随之而来的反应都可能令人难以置信。

1992 年，一个佛罗里达的男人起诉两家手机制造商，称他的妻子就是因为过度使用手机才得了脑癌去世的。1993 年 1 月，新闻媒体报道了这起事件和其他相似的事件，在不到一周时间里，在公开交易的股市中，手机公司的股价下跌了数十亿美元。由于市场的这一突然变化，我的一些天体物理学同事还能坐享一笔股市收入。那么我们来进一步分析一下：就算你从没用过手机，你也可能得脑癌。越来越多的人开始用手机，其中自然有患脑癌去世的手机用户，就好像也有得心脏病去世的和因为年老体衰去世的手机用户。这么看来，没有研究可以在使用手机和患脑癌之间发现必然联系，可人们还是反应过度了。

还好大多数天体物理学的研究不会对人们的日常生活造成什么影响，这样我就可以开某些问题的玩笑，而不是满腹牢骚了。

虽然科学研究方法带有最初的不确定性，但它无疑是有史以来最有力且成功的研究物质世界的方法。当一项已经出版的科学成果已经被反复证实了，再进一步证实还不如研究一个新问题吸引人。只有在这时，新的知识成了原理，已经基本没有或完全没有疑问，才能被写进当代的教科书里。

稳定性和可重复性是真正科学发现的基本特征。如果物理和化学原理会因为研究场所的变化和时间的先后而改变，那科学家们还是卷铺盖回家吧。

科学家也会偶尔忽视他们的不确定性，因为科学家也是人。他们中有傲慢的、可爱的、说话大声的、说话温和的和傻乎乎的人。每个科学工作者，包括我在内，都有性格各异的同事。然而，在发表研究性论文时，我们一般都很谨慎，因为发表的论文可能保存不了多久，而且错误的观点多得惊人。大多数科学成果都来源于我们的探索前沿，因此会有很多不确定性。

科学家发表的论文常常带有一种诚恳的、几乎是谦卑的不确定性。而人们回顾科学史上的错误时，往往不会注意到这一点。就拿1996年发表的称在火星陨石上发现生命的论文举例吧。论文发表在《科学》期刊上，9位作者在摘要中写道：

> 碳酸盐颗粒（在火星陨石上发现的）在质地和大小上与地球上细菌作用下形成的碳酸沉淀物相似。虽然这些颗粒有可能在无机环境中形成，但这些颗粒在生物作用下形成可以解释很多观察到的现象……也可以成为火星过去生物群体的化石。

在我们这个时代，针对这个大发现，报纸刊登出大版面的新闻头条，媒体不断提出诉求。你可能想不到原始的科研论文里竟然存在如此不确定的内容。

1998年年初，一位科学家提出了一个过分自信的观点，但其中包含了一个不常见的不确定性因素。时至今日，这个错误因素已经广为人知。

中央天文电报局（世界天文学家的信息交流中心，他们需要在同事之间传播有关天文现象的最新信息）称他们发现了一颗直径为1英里的小行星，这颗小行星将在2028年接近地球，且有撞击地球的危险。（之前，电报局的消息是通过电报传播的，现在则可以用电子邮件迅速传播开来。）这颗小行星的编码是1997XF11。1997年，人们依稀发现了它的轨迹。它就是在ABC电视台《今晚世界新闻》引得彼得·詹宁斯说出那句著名的“领带不错”的那颗小行星。

1998年3月11日的电报是这样的：

> 1997年12月6日，J.V.斯科蒂在亚利桑那大学的天文观测中发现的这颗小行星是108颗“有潜在危险的小行星”之一。1998年3月4日，这颗小行星一直在被观察中……计算机计算了其为

期 88 天的轨道运行……显示出它将在 2028 年 10 月距离地球仅有 0.00031 个天文单位[1]。磁感应强度为 26.73UT。误差估计显示，基本确定届时小行星距离地球将小于 0.002 个天文单位。在所有预计可靠的未来有潜在威胁的小行星到地球的距离中，这个距离无疑是最小的。

用通俗的语言讲，这份声明称，小行星非常有可能运行到距离地球 3 万英里（从宇宙范围看，就像头发丝这么细的距离）的地方，但计算存在误差，小行星至多距离地球 20 万英里。

电报发出几小时后，我记得我是在普林斯顿大学的办公室里读到的。我当时想的是：小行星注定要撞地球了。2028 年我就 70 岁了，真是不一般的死法！但转念一想，我的心情有点莫名的复杂：一方面感到震惊，生物灭绝之

[1] 天文单位是天文学中计量天体之间距离的一种单位，用 A.U. 表示，其数值取地球和太阳之间的平均距离，1 天文单位约等于 1.496 亿千米。

时，我竟然可以活到正常的寿命，另一方面感到骄傲，我们可以依靠物理学原理预测我们的寿命。

在美国天文学会的宣传下，电报的内容广泛传播开来。报刊上登着令人汗毛倒竖的几个字："基本确定"，紧随其后的是媒体铺天盖地的报道。

电报后来又提供了目前可得到的小行星的坐标——由监测它的观察者提供。在那之前，电报还发出了一个科学上合理的呼吁："但愿在接下来的日子里，进一步的观察可以更正 2028 年小行星到地球的距离。"第二天是 1998 年 3 月 12 日，另一封电报称，调查档案时，人们发现了一张 1990 年拍的小行星照片，天文学者一般称这种照片为"预发现"照片。这个发现显然把原本 88 天的轨道运行日期延长了（计算的时间越长，估算出的数据越准确）。有了新数据，计算出的结果缩小了误差的范围，原本小行星椭圆的运行轨道几乎和地球相交，很有可能相撞，现在完全不在可能碰撞的范围内了。5 周后，又有一封电报纠正了原本危言耸听的声明，并承认如果他们早点进行更加精密的计算，就可以使原本的电报内容更加准确。

这个事件普遍被认为是一个重大的错误，往坏的来说，最初的计算数据根本不完整，往好的来说，这不过是一个正常的科学研究的开始。虽然这件事涉及人类的生死存亡，但更重要的是，什么事都有它自然的运作方式。最早的计算和后来更完善的计算（相差不到一天！）是科学研究方法的一个典型，也显示出我们研究客观事实时，科学研究拥有强大的完善自身的力量。

随着新闻媒体实时的跟踪报道，消息很快散播到了全国各地，人们终于松了一口气。《纽约邮报》是一家纽约的彩印日报，它别具一格地登出了这样的头条新闻："与你的小行星吻别"。几天后，漫画家杰西·戈登的漫画作品刊登在了《纽约时报》的首页上，画的是小行星在一堆运算面板前改变了运行轨道。我们还能读到 9 个小行星不撞地球的原因，其中一个原因是："不想之后一直待在自然历史博物馆的陈列厅里。"

我们如何确定科学上的测量？证实很重要，但媒体或电影却容易忽视这一点，1997 年的电影《超时空接触》却是个例外。

电影改编自著名天文学家卡尔·萨根 1983 年的同名小说，讲述了如果我们有一天能和地外智慧生物通过无线电波通信，科学界、社会上和政界会有什么样的反应。

故事讲述了在无线电接收到的宇宙噪音中突然出现了来自维加星球的信号。朱迪·福斯特扮演的天体物理学家埃莉把这件事告诉了澳大利亚的天文观测者。美国接收到了这个信号很久以后，澳大利亚的观测者才能接收到它。埃莉在对信号的观测得到澳大利亚观测者的证实后，才把这个消息告诉大众，因为最初的信号可能只是望远镜电子设备的系统故障造成的，也许是某个爱恶作剧的当地人在街对面把信号传到了望远镜。这可能是当地人合伙编造的骗局。直到有人用另一架由独立电脑系统驱动的带有不同电子设备的望远镜观测到了同样的信号，女主人公才有了底气。

虽然以上场景十分具备准确性和完整性，但还是不能弥补电影里一个严重的数学错误。在天体物理学家和她英俊的男友（由马修·麦康纳扮演）第一次接吻的场景中，她说了这样一段台词：

> 如果银河系中有4000亿颗星星，其中有百万分之一的星星有行星围绕；而这些有行星的恒星中，行星上有生命的可能性是百万分之一；而这些生命具有智慧的可能性又只有百万分之一，即使这样，我们还有好几百万颗行星要去探索。

如果你懂算数，且算对了，你应该还有 0.0000004 颗行星要探索，而不是“好几百万”颗。犯了这样的错误，我不怪编剧，也不怪导演，他们有太多的事要忙了。

我怪朱迪·福斯特。

她肯定背了好几遍台词，这个场景肯定也拍了好多次，高预算电影一般都会这样。她可能在某一时刻发现了不对劲。我上次搜索她的资料，得知她是耶鲁大学的研究生，耶鲁大学肯定教算数吧。

我很幸运能成为少数参加《超时空接触》在加利福尼亚帕萨迪纳首映的嘉宾。邀请我的是安妮·德鲁——卡尔·萨根的遗孀，本片的编剧之一。这是我第一次，也是唯一一次参加好莱坞电影的首映。嘉宾还有天体物理学家弗兰克·德雷克，他研究出的德雷克公式就是朱迪·福斯特台词的依据。当电影放映到那个场景的时候，弗兰克·德雷克并没有气到发抖，从他的神态和态度来看，他显然已经原谅了这个错误。既然他表现得好像什么也没发生，我也不好说些什么。

如果美国人能多训练自己公制[1]和十的次方的运算能力，那么他们就会明白不同数值之间的联系，而不是只会死记硬背了。试比较下列换算：1 千米等于 1000 米，1 英里等于 5280 英尺。1 米等于 100 厘米，1 码等于 36 英寸。

[1] 亦称“米制”，是一种计量制度，创始于法国，曾为国际通用的计量制度。长度的主单位是米，质量的主单位是公斤，容量的主单位是升。1960 年为国际单位制所取代。

1 公升等于 10 分升，1 夸脱等于 32 盎司[1]。如果朱迪·福斯特有时间把十的次方的计算运用到公制上，她就会计算一下她台词里提到的内容，而不是简单地记忆了。

1789 年法国大革命推翻的不只是皇权统治，还有基于各种人体部位长度和不标准量具的度量衡。取而代之的是十进制，十进制源于每个人都有 10 个手指和 10 个脚趾，其计数系统以 10 为单位。如果人类的手指数目不是 10 个，我们肯定会使用别的计数方法。毫无疑问，章鱼和蜘蛛在计数时肯定用的是八进制。

如今，知道公制的人都知道十进制。这些人包括科学家、工程师和国际工业公司的人。我查了一下，世界上只有 4 个国家没有把公制作为其绝大多数人口使用的官方度量衡。这些国家是：利比里亚、缅甸、也门和美国。美国，这个世界军事、经济、工业大国通常将英寸、英尺、

[1] 盎司，既是重量单位又是容量单位，这里是代表容量单位。1 盎司约合 0.03 升。

英里、品脱、夸脱和加仑作为日常测量单位。

20 世纪 70 年代，政府提出要将美国的度量衡系统改为公制，但基本上失败了，因为那意味着要在一夜之间改变美国人长期以来的测量习惯。在美国，地图、路标，甚至是棒球场都标有双重的度量衡标准，其中就有公制，所以大家根本不需要学习度量衡。

我觉得在美国，华氏温标永远不会被摄氏温标取代。一个费解但又有逻辑性的理由是，华氏温标里的以 10 为单位的增量对天气预报员来说太方便了：从简单的预报比如“今天气温 60 多度”“今夜气温将下降到十几度”，或是“今天气温将保持在 90 多度”可以看出，华氏温标的计量法可以把气温归为好几个不同的舒适度。然而华氏温标计量法中很低的零度对有些美国人来说很陌生，会让他们感到很迷惑。

几年前，我在深冬听收音机，室外的气温已经降到了几华氏度。这么低的温度在纽约十分罕见，已经很难测出气温到底有多冷了。夜渐深，气温一度一度地在慢慢下降，温度计读数接近零度时，播报员只能憨着笑说：“都快没有温度可降了。”

虽然会有这些尴尬时刻，但我还是很乐于支持我们沿袭自英制单位的口语词汇：电影拍摄的都是一个个片段（footage）；人们生活中一直有里程碑（milestone）的存在；美式橄榄球比赛总是按照队员推进（或失去）了几码（yardage）来评判输赢；司机总是按照里程 (mileage) 来测试汽车发动机的效率；我们长期把英寸（inch）一词当作动词；尺蠖（inchworm）这种动物也不该改名；体型娇小的人叫小个子（pint-sized）；还有“一分的预防胜过一磅的治疗”（An ounce of prevention provides a pound of cure.）这样的谚语也在美国人心中根深蒂固。

虽然我的大多数同事介意美国还没有完全实行公制，但我却丝毫不介意。一个理由是，虽然大家没有察觉到，但美国已经在很大程度上实行公制了。比如：1 美元等于 100 美分；标准的胶卷是 35 毫米长；相机镜头和固定在上面的滤镜都是按毫米计算大小的，双筒望远镜也是；酒瓶和大多数盛装液体的瓶子的容量都是 750 毫升及其倍数

（或其分数）；汽车发动机的活塞位移现在一般以升为单位；工厂生产的软饮料的包装一般是 1 升或 3 升容量的塑料瓶；城市执法部门的配枪都是 9 毫米口径的手枪；家用灯泡和吹风机的功率都是以瓦特为单位（公制的电功率单位）；汽车电池的功率单位是伏特和安培，它们都是公制单位；几乎所有的比赛用跑道的长度都是整十或整百米；所有处方和非处方药品的有效物质都按照克来计算。当然，千克也是毒品走私的标准单位。

我之所以说我不介意美国是否完全采用公制，是因为虽然使用英式计量单位的人并没有察觉，但英尺、华氏度、英亩、英寸、品脱和磅这些单位都带有迷人的历史气息。如果你来美国旅游，你可以从我们的计量单位看出，我们的国家和你的国家完全不同。美国是一个拥有不同历史和习惯的国家。

刚来美国，你可能不适应没有公制的环境，但这不是什么大问题。比起通过温度计把华氏温度换算成摄氏温度，各种各样夹杂着美式英语的语言和颜色大小都一样的纸币可能更让你头疼。你到另一个国家旅行，总希望这个国家非常不一样。这就是人们喜欢度假最常见的理由——去一个完全不一样的地方。

当你看到棒球场是以码来测量的，8 个热狗正好 1 磅，奶奶做的苹果派的配料以杯和茶匙为单位，你就知道你在美国——一个既随意使用着英式计量单位，又受到公制影响的国家。

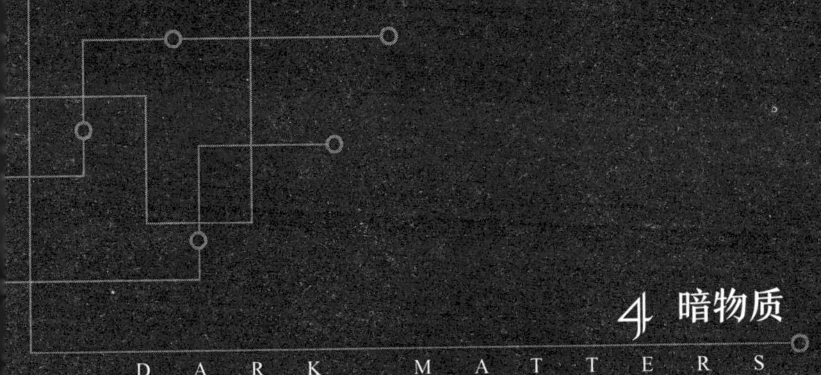

4 暗物质

DARK MATTERS

我的大学申请书上有这样一个问题："你的目标是什么？"我的回答很简单：成为天体物理学博士。

我无法委婉地表达这个事实，可直到20世纪结束，人类还是没能了解占据宇宙90%的暗物质。所谓的“暗物质”既不发光，也不与任何普通（平常）物质发生任何形式的联系。我们无法确定暗物质的成分，虽然我们可以即刻感知到暗物质的引力。以我们所在的银河系为例，银河系的外围地带不停地绕着中心旋转，如果没有暗物质引力的影响，其旋转速度会比现在慢10倍。普通物质和暗物质共存，不是同时存在于平行宇宙，而是彼此依存在同一个宇宙。它们能感受到彼此的引力，否则它们也不会感知到彼此的存在。

也许天体物理学家正处于新科学时代的黎明，就像1900年的物理学家一样。在那个年代，各种当时盛行的科学理论的细枝末节都开始不断闪现，最终完全呈现出来，打开了通往物理学新领域的大门。量子力学就是其中的一个领域，它在最小的尺度上准确地描述了自然现象。这些尺度包括分子、原子和粒子。获得诺贝尔奖的量子力学科学家也有十几人。

也许，如一些理论所说的，暗物质是各种陌生的亚原子粒子，但它也可能是我们从未设想过的物质。21世纪初，天体物理学上的这一暗物质难题可能会引起一场我们对重力和（或）物质认识的革命，这场革命的力度也许不输过去的科技改革。

有时候，我会忍不住将暗物质在宇宙中的存在，特别是普通物质和暗物质之间的共存关系拟人化，甚至人格化。1991年夏天，在参加一个国家物理学会的年会时，我又有了这种感觉。年会的举办地在佐治亚州的亚特兰大附近。那年秋天，我就会到普林斯顿大学从事博士后研究工作。全国各地的物理学家暂且离开了他们的学术研究领域、工业实验室、粒子加速器和政府设施，来一起参加这样的会议，分享最新的、还未发表的宇宙前沿成果。在预先安排的休会时间里，大家都聚在大酒店的公共厅里激烈地讨论着当天的成果展示。

参加物理学会议确实很让人欣慰。在这些地方，很多人都能给我似曾相识的感觉，因为他们的人生轨迹和我有很多相似之处。很多领域的学术会都是如此。以职业物理学家的学术会议为例，与会的人都在学生时代成绩优异（在大学高年级学生中，获得拉丁文学位荣誉[1]的物理学专业的学生尤其多）。我们都解决过一样的物理作业难题，都读过一样的书，甚至描述物理现象所用的词汇都是一样的。我们也都会偶尔受到流行文化对我们知识能力的中伤。

年会的最后一天晚上，主办方安排了一场宴会。大家都放松了下来，谈话的内容也变成了与会议主题无关的个人琐事和其他事情。宴会临近尾声，我们邻桌的十几个人拿了未喝完的酒到了酒店楼顶的一间公共室里。我们谈论（争论）了一些普通人肯定会觉得奇怪和无意义的事情，像是为什么一听无糖可乐会在水里浮起来，而普通可乐则会

[1] 拉丁文学位荣誉是许多欧美国家大学的传统，用来奖励特别优秀的学士、硕士或博士，有时也作为学位评分的标准。

沉下去。我从没考虑过这个问题，虽然我确实隐约记得在长时间的派对结束后，饮料冷藏箱里的冰都化了，有些软饮料确实会浮起来，而有些则沉在箱底。

我们惋惜电视上和《星际迷航》系列电影里的传送机并不能在空间中完美地传送物体。和原物体相比，那些瞬间传送的物体显然有细微但却可测得的偏差。有趣的是，《星际迷航》的电影专家都知道这一点。我们讨论的话题开始不断延伸开来：你被传送机从飞船到地球来回传送几次之后才开始变得不一样了？你身体的哪部分会发生变化？你的基因会改变吗？你的原子结构呢？会不会有一天你从飞船上传送过来后没了鼻子？

我们还谈论了斯蒂芬·霍金的知名度。他因讲述宇宙状态和命运的书籍《时间简史》为大众熟知。有些人认为，作为一位科学家，他被大众和其他科学家过分高估了。我们都承认他很聪明，也是位杰出的科学家，但又觉得他的伟大程度比不上20世纪的一些物理学家，而普通大众可能连这些物理学家的名字都没听说过。我们总结出了一些这样的物理学家的名字，包括玻尔[1]、德布罗意[2]、狄拉克[3]、爱丁顿[4]、费米[5]、弗里德曼[6]、伽莫夫[7]、盖尔曼[8]、海森堡[9]和普朗克[10]。我的一位同事是理论物理学家，他研究的一部分领域和霍金的相同。他还花了点时间列出了霍金理论的错误之处。没错，有些物

[1]尼尔斯·亨利克·戴维·玻尔，丹麦物理学家，哥本哈根大学硕士、博士，丹麦皇家科学院院士，曾获丹麦皇家科学文学院金质奖章、英国曼彻斯特大学和剑桥大学名誉博士学位，1922年获得诺贝尔物理学奖。

[2]路易·维克多·德布罗意，法国理论物理学家，波动力学的创始人，物质波理论的创立者，量子力学的奠基人之一。

[3]保罗·狄拉克，英国理论物理学家，量子力学的奠基者之一，对量子电动力学早期的发展做出重要贡献。

[4]亚瑟·斯坦利·爱丁顿，英国天文学家、物理学家、数学家，是第一个用英语宣讲相对论的科学家，自然界密实（非中空）物体的发光强度极限被命名为“爱丁顿极限”。

[5]恩利克·费米，美籍意大利著名物理学家，美国芝加哥大学物理学教授，1938年诺贝尔物理学奖得主。

[6]亚历山大·弗里德曼，苏联物理学家，以宇宙扩张理论和弗里德曼公式著称。

[7]乔治·伽莫夫，俄国著名的物理学家和天文学家。

[8]默里·盖尔曼，美国物理学家，提出质子和中子是由3个夸克组成的，并因此获得了诺贝尔物理学奖。

[9]沃纳·卡尔·海森堡，德国著名物理学家，量子力学的主要创始人，哥本哈根学派的代表人物，1932年诺贝尔物理学奖获得者。

[10]马克斯·卡尔·恩斯特·路德维希·普朗克，出生于德国荷尔施泰因，德国著名物理学家，量子力学的重要创始人之一。

理学家也很挑剔，喜欢说闲话。

这天晚上，大家纷纷按照自己的喜好谈天说地。享用了一顿美餐之后，学术会议即将圆满落幕，睿智又志同道合的友人酌饮着美酒畅谈至深夜。有这等美事，我还有何所求呢？

临近午夜的时候，我们的话题转到了汽车事故上。一位学者谈到了他有次开车时被交警拦了下来。他当时开的是跑车，交警让他下车，从上到下给他搜了个遍，又彻底检查了车内和后备厢，开了张高额罚单才放行。交警拦下他是因为他的汽车时速超出了当地限定车速 20 英里。虽然我们尽力了，而后还简单地讨论了交警测速雷达枪的准确性，但我们还是很难同情他的遭遇。我们一致认为，在一条笔直的公路上，交警不可能准确地用雷达枪测出车速，除非他站在往来车辆的正中央。如果交警站在其他任何位置，测出来的车速肯定比实际车速慢。所以如果你被测出超速了，那就是真超速了。

我的这位同事还遇到过一些和规则有关的事，那是他后来讲的，不过他先讲的这件超速的事情在人群中起了连锁反应。大家开始一个接一个讲起自己被交警拦下罚款的经历。虽然可以很容易地看出有刻意夸大的成分，但这些经历都不怎么暴力，也不危及生命。有位同仁还因为车速过慢被交警罚过款。一年秋天，他开车路过新英格兰的一个小镇时，为了欣赏当地的花丛而开车太慢了。另一位只因超速 5 英里就被罚了款。还有一位竟然因为晚上在大街上跑步而被拦下来盘问。

至于我，我也经历过一些这样的事情。一天夜里，我开车经过新泽西的一个地下通道，当时路上空荡荡的，一个交警拦下了我，说我换车道没有开信号灯。警官让我下车，又盘问了我 10 分钟。这期间巡逻车的车灯一直明晃晃地照着我的脸。盘问内容如下：这是你的车吗？是的。坐在副驾上的女人是谁？我太太。你从哪里开来的？我父母家。你要去哪里？回家。你的工作是什么？我是普林斯顿大学的天体物理学家。你的后备厢里有什么？一个备用轮胎和一些油腻腻的垃圾。他继续说出让我停下的“真正理由”：我的车牌太新太亮了，和 17 年的古董福特车太不相配。他只是想确认我的车和牌照都不是偷来的。

我还遇到过一件类似的事。读研究生的时候，在我把家里的物理教科书运到新办公室的途中，我们被交警拦住了。警察在物理学系的大楼前拦住了车，责问我们在干什么。这事有点复杂，因为开车的是我的朋友（当时我还没考驾照），而她的车登记在她父亲名下。当时是半夜11:30。后备厢里满满的都是一箱箱的教科书，车盖都盖不住了。而我们正要把这些书搬进大楼里。我时常会想这副景象在警局的录像带里会是什么样子。

我们又在酒店的公共室里聊了两个多小时关于警察的经历，之后才回了各自的房间。我们都是懂数学的人，自然都希望在这些故事里找到我们的“公分母”。我们开的都是不一样的车，有旧车，有新车，有普通的车也有高性能的进口车。有些在白天被交警拦下，有些则在晚上。我们的这些经历都是独立的事件，都和违反某些交通规则有关，毕竟在现代社会，我们违反了规则就要为全社会的安全做出一点点牺牲。总的看来，你会发现警察好像特别讨厌物理学家，因为这是我们唯一共有的特点。但有一点是肯定的，这种事不是只发生在一个人身上，有趣的情节不断重演。这样的事情时有发生，很普遍。一群受过高等教育、获得博士学位（美国最高学位）的科学家为什么总被警察盯上？也许警察有别的原因。也许是因为我们的肤色。我参加的正是第 33 届全国黑人物理学家协会的年会。我们被交警拦下不是因为 DWI（酒驾），而是因为某些记录在册而我们不知道的原因：DWB（黑人驾车）、WWB（黑人散步），当然还有 JBB（黑人）。

一年后，罗德尼·金被洛杉矶警方从车里拽了出来，他戴着手铐，被“电击”后脸朝下趴在大街上，又受到警棍的无情击打。有时候人们会忘记，后来洛杉矶中南区发生的严重暴乱不是因为警方打人这件事本身，而是因为法院判定施暴的警察无罪。围观居民用蹩脚的拍摄技术拍下了事件过程，现在这段录像已经广为人知。当时看到那段视频时，我很惊讶，不是因为看到罗德尼·金被打，而是惊讶终于有人知道要拍摄事故过程了。

全国黑人物理学家协会接下来的一场会议在密西西比州的杰克逊县举办。当时正值洛杉矶暴乱时期。1992 年 5 月 1 日，我受邀在午餐会上做主题演讲，谈一谈教育体系中物理学本科教育到博士教育的成功与失败。那天上午，洛杉矶爆发了暴力纵火事件，我看到相关的最新消息时，不禁有种恍惚的想法：占据新闻头条的是黑人暴乱，而不是黑人物理学家展示最新宇宙研究成果。对大多数新闻媒体来说，城市暴乱显然更值得报道，这一点我并不意外，我只是为这两件事的同时发生感到讶异。于是，我放弃了早先准备好的主题演讲稿，转而谈了 10 分钟全国黑人物理学家协会为美国白人对黑人看法的转变做出了无可比拟的重要贡献。

在哈佛上大二的那年春天，我专业课的成绩很好。我如饥似渴地修了很多物理和科学课，而且只要时间允许，我还选了很多其他必要的非理科课程。那一年，我也是校摔跤队的队员，属于 190 磅重量级，作为一位技术更好的大四队员的替补队员。一天训练完之后，我和这位学长一起走在体育馆外。他问我最近在忙什么，我说：“我每天要研究很多问题，几乎没有空余的时间，都差不多废寝忘食了。”他又问我的专业是什么。我告诉他我学的是物理学，对天体物理学特别感兴趣。他听后沉默了一会儿，然后在我面前摆了摆手：“在美国，黑人不可能凭借自身才能在天体物理学上有什么建树。”

这句话比任何他在摔跤场上对我发起的攻击都有杀伤力。从没有人那么漫不经心、轻描淡写地质疑我一生的志向。

这位学长是经济学专业的学生，一个月前他刚获得了哈佛大学的罗德奖学金[1]。毕业后，他将致力于研究创新性的经济方法来帮助城市贫民。虽然我在心里知道，我追求自己的志向是对的（管他“对的”是什么意思），但我也知道他的话没有错。如果不能克服我自己心里的这个矛盾，我永远都会为追求探索宇宙奥秘而感到愧疚，这种感觉长期压抑在我心里。

大四毕业的那一周，《纽约时报》上登了一篇文章，

[1] 罗德奖学金，世界上竞争最激烈的奖学金之一，有“全球本科生诺贝尔奖”之称，得奖者被称为“罗德学者”，其评定标准包括学术表现、个人特质、领导能力、仁爱理念、勇敢精神和体能运动等多方面。

介绍了哈佛1600个毕业生中的131个黑人毕业生。《纽约时报》第一次公开了131位黑人毕业生中只有两位准备继续他们的学业，而我就是其中之一，其余的人则被委派到了法学院、医学院、商学院当教师或从事其他行业。（另一位“继续学业”的黑人毕业生是我在布朗克斯科学高中的老同学，他在哈佛读完四年后已经有了历史学的学士和硕士文凭。）这些数据让我在同时代的优秀人士中显得更加格格不入。

9年后，我在得克萨斯大学奥斯汀分校取得了硕士文凭后，又留校了几年，然后去马里兰大学任教，最后在读博期间转校到了哥伦比亚大学。在哥伦比亚大学顺利攻读天体物理学博士学位时，我在办公室接到了福克斯新闻频道当地分部打来的电话。我当时已经成为天体物理学部大众和媒体咨询天空现象的非正式联系人，所以这样的来电对我来说很平常，只是这一通电话改变了我的一生。

最新发射的太阳卫星检测到了一些太阳表面的爆炸，福克斯新闻方面想要了解太阳系会不会因此受到不良影响。我向他们保证人类不会受到威胁，于是他们邀请我接受事先录制的采访，将这个消息告诉当晚收看新闻报道的观众。我接受了邀请，他们就派车来接我。研究生学历的人一般不太懂时尚和打扮，但我是个例外。在专车到来之前，我飞速跑回家剃了个胡子，穿了件外套，又系了条领带。在电视台，我坐在舒适的座椅上接受了一位气象预报员的采访，身后的背景是一个装满书的书架，不过书都是被拦腰截断的假书。采访持续了两分钟，我在采访中说，太阳表面经常发生爆炸，太阳活动的周期是 11 年。在“太阳活动峰年”，其表面活动比平常更加剧烈。在这段时间里，大量带电亚原子粒子从太阳表面喷射出来飞向太空。飞向地球的粒子会受到地球磁场的影响向南北两极倾斜。这些粒子与地球高层大气中的分子碰撞后会形成浮动的彩色光幕，主要在极地地区可见，这就是著名的极光。我告诉观众地球的大气层和磁场会保护我们不受这些粒子的伤害，大家也可以借此机会去北方地区观赏美丽的天空奇景。

我在下午 3 点录制了这段采访，它会在当晚 6 点的福克斯新闻节目中播出。于是，我马上把这个消息告诉了所有我认识的人，又早早赶回家看电视。那天晚上，我吃晚饭的时候，节目播出了。我一边吃着土豆泥，一边有了一种把知识分享给大家的感觉。我在家只是一个普通的群众，但在电视机屏幕上，就成了晚间新闻邀请来的太阳活动研究专家，而这位专家又是个黑人。那一刻，电视节目 50 年的发展史在我的脑海里飘过，但我根本想不起任何一个黑人（既不是艺人也不是运动员）作为某个领域的专家接受过电视台采访，而且采访内容跟他自己作为黑人没有任何关系。当然电视上出现过（也继续会出现）黑人专家，但他们都是为帮助城市贫民窟黑人寻求支持和资金的政客、提供精神指引的黑人牧师和神职人员、分析黑人犯罪和无家可归现象的社会学家、谈论城市最贫困地区的企业主管和报道黑人问题的记者。

9 年来，我第一次不再为追求宇宙研究而感到惭愧。我这才确凿无疑地意识到黑人和白人之间实现良好关系的一大阻碍就是：人们在潜意识里觉得黑人这个群体没有白人聪明。这个观念在人们心中根深蒂固。这在一定程度上是因为在智商测试和其他像是SAT[1]之类的考试中，白人的分数总比黑人的高。这个差异会影响学业发展、平权运动（不管在学校还是在工作场所）和国际上对非洲的政策。

这个问题最明显的体现就是社会上白人对黑人的轻蔑态度。如果你上的是公立学校，而不是私立学校，你就可以测试自己的智商，虽然我从没做过这种测试。尽管如此，我还是通过阅读相关书籍了解了所有相关信息，以及测试的方式。支持智商测试的人们称，智商在很大程度上是天生的。这个数字用来表示你天生的智力和你在人生中取得成功的可能性。数据显示，黑人的平均智商比白人低了整整一个标准差，而且普遍的观点是人在任何时候都不可能在实质上增加智商，所以你可以得出这样的结论：白人的智商天生就比黑人高，与教养、财富累积和出身无关。

既然人类只要通过训练就能熟能生巧地掌握很多技

[1] SAT，全称Scholastic Assessment Test，由美国大学委员会主办的一场考试，其成绩是世界各国高中生申请美国大学入学资格及奖学金的重要参考，它和ACT（American College Test）都被称为“美国高考”。

能，我时常会怀疑智商测试与每个人的前途和日常行为是否有关系。如果遗传的智商可以在很大程度上决定一个人会不会成功，那么为什么有些白人孩子害怕去上取消种族隔离的学校？为什么升学总是伴随着焦虑和激烈的竞争？从托儿所到大学皆是如此。为什么有条件的人总要在孩子的教育上花费大量金钱？这些现象都表明，大家一般认为的观点是错误的，能决定人成功与否的最重要因素不是智商，而是财富和对学校的选择。

人们更倾向于用“聪明”“天才”这样的词来形容科学家，而不是从事其他行业的人，所以“种族关系”这最根本的阻碍还未能被克服。不过这种阻碍的本质尚不明了。

人实现成功的动力多种多样。我父亲的高中体育老师曾把他从课上单独拎出来，说他的体型不适合参加径赛。我父亲的肌肉线条不像一般的跑步运动员那样精瘦，而老师需要的正是那样的运动员。我父亲之前从来没有做过跑步运动员，出于对体育老师的不满，他继续训练，最终成了 20 世纪 40 年代至 50 年代的世界级径赛明星，还在

600码跑步竞赛中获得了世界第5的好成绩。大学毕业后，我父亲继续去纽约先锋俱乐部跑步，那是个业余径赛组织，面向所有黑人、犹太人和被白人俱乐部拒绝的有色人种。俱乐部里有位我父亲一生的挚友。有一次，在一场比赛中，他在接近最后一个直道时跑在第一位，身后紧跟着第二位选手。这时，第二位运动员的教练突然大喊："追上那个黑鬼！"在所有骂人的话中，"黑鬼"无疑是最低级的。我父亲的朋友也听到了，他在心里默念："这个黑鬼你可追不上。"最终，我父亲以遥遥领先的成绩赢得了比赛。

与"追上那个黑鬼"类似的表达也出现在越来越多的学术书籍中。这些书籍都是几个世纪以来的经典，里面的有些观点断定黑人是劣等种族。我最喜欢的一段来自英国社会生物学家及优生学运动的发起人弗朗西斯·高尔顿在1870年发表的论文《遗传天赋：对其原理和结果的调查》。他在"不同种族的比较价值"一章中写道：

黑人中有智力缺陷的人群数量非常多。我

们可以从每一本提到美国黑奴的书籍中找到大量实例。我本人亲自去非洲时也深有体会。黑人在他们的日常琐事中所犯的错误是如此的幼稚、愚蠢、肤浅，同为人类，我时常为他们感到羞愧。

每当我需要勇气去克服社会上的压力，我就会再读一读这样的文章。像我父亲的那位朋友一样，每当看到这些文字，我浑身立刻充满了力量，前方的任何艰难险阻都算不了什么了。

既然杰西·欧文斯能在1936年的柏林奥运会上打破所谓的白人体能优势，赢得了4枚金牌，打破了4项世界田径比赛纪录，那么美国黑人也能摘得诺贝尔奖的桂冠（除了诺贝尔和平奖外），永远改变人们对黑人智力的偏见。谁知道那一刻会在什么时候到来呢？在实现这个目标的历程上，我也扮演着一个小小的角色。在过去的5年里，我已经接受了50次电视媒体的采访，他们向我咨询现代宇宙探索的方方面面——从太阳系的新发现到宇宙初期的理论。由于我提供的专业见解不是季节性或偶然性的，我婉拒了所有让我去“黑人历史月”[1]的活动上演讲的邀请。快10年过去了，我终于打开了我的心结。我不能因为黑人受到歧视就放弃学天体物理学，如果我不追求我的志向，黑人群体会更加受到歧视。

从9岁开始，我的理想就是成为一名天体物理学博士。在终于实现这个梦想的时候，我决定要向大家分享我的经历，我也很荣幸能在哥伦比亚大学博士毕业典礼上面向所有专业，从人类学到动物学的博士毕业生，做毕业演讲。

当院长请我做毕业演讲时，我实在想不出要说些什么。我可以谈谈我的研究，但观众会听不懂我讲的学术内容，就好像我也听不懂其他专业毕业生的学术演讲。我也可以讲讲高等教育在现代社会的作用，但你们可以在任何开学典礼和毕业典礼上听到这些老掉牙的内容。

[1] 黑人历史月设在2月，是为了庆祝美国黑人克服重重困难取得的成就，以及赞颂黑人在美国历史发展中扮演的重要角色。

在智利安第斯山脉之巅的观测经历给了我此次演讲的灵感。我在那里做了连续 7 天的夜间观测。那次旅行的目的是搜集关于银河系结构的数据。我们的观测地点在海拔 7000 英尺的托洛洛山美国洲际天文台，距离最近的城镇也有 50 千米。在那里，我几乎搜集了我论文的所有数据，也在遥远的时空中思考了自己走过的人生。

在纽约市公立小学读书的时候，我很清楚自己必须要成为一名运动健将，特别是要跑得快。所有身边的人都激励了我，于是我赢得了同班同学特别是街头混混的尊重和佩服。

上初中的时候，我已经是“全街区最快”的扣球手了。扣篮的技巧在于你要用手掌扣住球然后跳得很高。1973 年 4 月 17 日，我成了年级第一的扣球手。我当时就问自己：“扣篮就是如此了吗？”答案基本是肯定的。当然你也可以发明创造性的扣篮方法，像是扣篮时在半空中旋转 360 度，但即便这样，你的得分也只有两分。

差不多也在这个时候，我了解到光速是每秒 186282 英里，但即使是以这么快的速度，光也无法逃离黑洞表面。这个事实对我来说可比 360 度扣篮要惊人得多。很快，我就开始对科学感兴趣，尽我所能阅读大量的关于宇宙的书籍。我开始把成为科学家，特别是天体物理学家视为我未来的志向。这个梦想开始根植在我心里。

但我很快发现，社会上大多数人都不认可我的梦想，这让我很伤心。人们普遍认为黑人不该成为科学工作者。如果我成为一名运动员，就不会违背社会对我的期望，毕竟在我之前已经有很多黑人运动员活跃在奥运会和其他专业竞赛上，而成为一位天体物理学家却是一条“布满荆棘的道路”。我不禁怀疑我最初会不会受到社会环境的影响而成为一名运动员，而不是听从自己内心的声音。我的兄弟斯蒂芬如今是一位艺术家，他比我跑得还快，跳得还高。他也和我一样面对着来自社会的压力。

上高中的时候，我成了摔跤队的队长，大家都对此不抱任何疑义，但当我成为学校的年刊《物理科学杂志》的主编后，人们经常质疑我的能力。当我被哈佛大学录取时，总有人问我的 SAT 成绩和各科的平均分。有个在辅导员办公室工作的学生甚至还威胁我说，如果我不告诉他我的成绩，他就要翻出我的在校记录。

刚读研究生时，我还没转校到哥伦比亚大学，我很希望继续学习天体物理学。但在读研的第一天，我刚刚见到的一位老师就对我说“你一定要加入我们的篮球队”。日子一天天过去，很多老师和同学都出于好意建议我从事其他行业。

“为什么不去卖电脑啊？”

“为什么不去当社区大学的老师啊？”

“为什么不离开天体物理学和学术界？你在工业上能赚到更多钱。”

他们从没有把我视为将来的同事，虽然后来其他研究生院的老师有了这个荣幸。

我好几次在上下班的路上被交警拦住问东问西；在百货商店购物的时候，保安总是跟着我；有人看到我在路边的人行道上向他们走去，总要走到马路对面。从这些不平等的对待来看，我的人生之路不过就是这样：在社会的普遍观念里，我的体育才能是天生的；我是个潜在的抢劫犯或强奸犯；我在学术道路上肯定走不通；就算我在学术上有所成就，那也是别人的功劳。

我一生中的大部分时间都在与这些鄙夷的态度斗争，这是一种情感上的税收，对我构成了一种智力上的阉割。1991 年，我在哥伦比亚大学获得了博士学位，成为美国第七位黑人天体物理学家，而美国的天体物理学家有 4000 人。从我的经历来看，黑人天体物理学家的数量还是让我惊讶，因为他们和我一样不易。

我终于明白了：只有你自己弯下了腰，别人才能骑到你头上。那些没有杀死你的东西，会让你变得更加强大。当我终于把学籍转到了哥伦比亚大学，我受到了天文学系的欢迎。在校期间，我得到了两次国家航空航天局给予的奖学金，发表了四篇研究性论文，参加了四次全国性的会议，出版了两本大众书籍，被《纽约时报》提及了三次，参加了两次电视节目，后又去普林斯顿大学天体物理学系参与非常受人尊敬的博士后研究。

当你的身边都是相信你的人、不受世俗短浅目光影响的人，或是给你打开机会之门而不是打击你的人，你就能发挥无限的潜能。

我的大学申请书上有这样一个问题："你的目标是什么？"我的回答很简单：成为天体物理学博士。我从9岁起就怀揣了这个梦想。现在哥伦比亚大学授予了我博士毕业证书，我终于实现了这个梦想。但我的人生才刚刚开始，前方的道路依然险峻。

有一次，我去参加我妻子的姐妹在山顶的婚礼招待会。婚礼地点是华盛顿州的一个农场。参加的都是寻常的亲戚和一些街坊邻居。那天天气很好，没有风，黄昏的时候，有一架小小的爆米花喷撒机低低地飞向山坡，随后在人群聚集的草地上空撒下大量的爆米花，这是婚礼庆典之一。爆米花像风中的蒲公英种子一样缓缓地落向地面。我一边吃着落在草地上的（还有落在别人头上的）爆米花一边想：爆米花是直直地落到地面，还是落到飞机喷撒点稍前或稍后的位置？从飞行员的角度来看，爆米花当然是立刻就落到了喷撒点后面。但我的问题是，从地面上的角度来看，爆米花是如何下落的呢？

完全爆开的爆米花受到的空气阻力非常大，人们可能会觉得它们被抛下来之后瞬间就失去了飞机的速度，直直地落向地面。但是飞机的螺旋桨叶片可能会使空气向后施力，虽然飞机向前飞行，但爆米花还是会落到喷撒点稍后的位置。由于我思考了一会儿才得出了这个结论，于是我决定去考考一位在一边独自喝香槟的客人。我想他应该是当地大学的一位老师。听了我的问题后，他立刻就觉得我完全不懂科学原理，于是用一种好为人师的口气向我解释道，爆米花密度很小，从飞机上下落的时候，受到的空气阻力很大。我当然知道这一点。于是我的问题就变得更微妙了。我对他说："我觉得爆米花落下时不可能不向后落，因为飞机的螺旋桨会把它推向后方。"

他捡起了一颗爆米花，然后松手让它落回地面，以此向我解释他的观点，好像把我当成了傻瓜。显然，他是我遇到过的最好为人师的谈话对象。按照社交习惯，我一般不会主动向陌生人透露我的科研或教育背景，除非他们直接问我。他不知道我的背景，还以为我是不懂得感激的傻瓜，居然质疑他的这番爆米花理论。

我岳父是麻省理工学院的工程师，他甚至参与过“二战”时期的核武器项目。在婚礼接待会中，当他终于能从拍照和其他婚礼事宜中脱身后，就踱步来到了我们中间。我不知道他是不是碰巧听到了我们的对话，觉得需要来帮我一把，他跟我说的第一句话就是:“尼尔，你还在普林斯顿大学教天体物理学吗？”

这短短的一句话里蕴含了太多的信息，这位瞧不起人的朋友终于不再冒犯我了。他的语气立刻变得顺从而谦卑，甚至还向我请教起了科学问题，但他没有明确地为他的行为道歉。等婚礼招待会结束，我们成了朋友，他还向我问起了大爆炸宇宙学和寻找银河系新行星的最新理论。

每当那些不认识我的陌生人把我当成大傻瓜时，我都觉得很有趣。有时候，即便我已经说出了显然需要多年的学术研究和钻研才能说出的话，他们对我的态度还是没有改变。有次我走进了曼哈顿上东区的一家高级酒品行，发现了一瓶波尔多红酒。这个产地和酿造方法的红酒我已经找了有些时间了。酒龄是 17 年，在好的酒品行里，这样的酒不足为奇。我正要拿起酒瓶赏鉴一番，对面的一个店员就大声冲我喊：“别碰！那瓶酒年份很老，价格很贵的。”后来我才知道他也是酒品行的店主。我回答道：“不拿起来看一看，我怎么知道要不要买它？”他这才不情愿地允许我把酒瓶拿下货架看一看。我在白炽灯下透过酒瓶看酒的色泽。如果长期存放不当，红酒的深石榴色就会过早地变成琥珀色，而后又变成棕色。我告诉店主这酒变色的速度太快了，这种年份和酿造方法的波尔多酒不该这么快就变色，但他却说棕色是酒瓶上积灰的颜色，而不是酒的颜色。

我该怎么跟他说，他才能知道我真的懂品酒？又跟他驴唇不对马嘴地说了一会儿后，我才礼貌地离开了。回到家后，我给他写了封信，通过联邦快递隔日就能送到。我先提醒了他我们之前的见面，接着我原本应该饱含热情的信就成了以下这样的内容：

亲爱的史密斯先生：

你一定觉得我是个傻瓜，而你是一位品酒专家，但显然事实是相反的。你昨天的行为……证明你不是个诚信的酒商。也许你的其他客户不会察觉出什么异样，但如果我是你，我就会多留意一下顾客的背景。

我又接着告诉他：

如果你不能克服自己的偏见，我只能要求你尊重我，不是因为我有丰富的品酒知识，只因为我是一个来你店里准备购买商品的顾客。

如果我换种身份，我可以像其他人一样利用白人对黑人的偏见赚一大笔钱。在一年中的某些时间，或一天中的某些时段，你可以在时代广场这样的纽约游客中心，或是炮台公园和联合广场这类人群密集的公共场合附近看到成排的棋桌。你只要押上 20 或 40 美元就能和摆摊的人赌一盘快速棋。几乎所有摆摊等待挑战的都是黑人或着装行为都非常街头的人，而路过的白人游客或商人则把这看作是一个在午休时间赚点外快的好机会。他们可能在高中或者大学因为优秀的棋艺受到欢迎，或者仅仅喜欢下棋，自认为不可能在这种需要智慧和敏捷思维的游戏中输给黑人，毕竟，如果跟黑人比扣篮，你肯定是没什么胜算的。不管怎样，人们常常轻率地猜测路人的智力肯定比棋手要高。

然而，我见过的每场棋局都是白人输。

又有一次，我在新泽西中心购物商场试鞋。因为买不到中意的鞋子，我就空着手离开了鞋店，但我身上还有一个其他商店的购物袋。我在商场出口过金属防盗器的时候，警报响了。保安拦住了我，（礼貌地）要求查看我的购物袋。与此同时，当我接受检查完毕离开商场的那一刻，一个白人女士正好趁其不备通过了金属防盗器。

真是个精彩的商场盗窃案，商场因为种族偏见活该蒙受了损失。

对黑人的偏见到底是从何时何地开始的？人们真的觉得所有黑人都是罪犯和天生智力低下（或仅仅是愚蠢）的人吗？不管他们取得了怎样的成就，都是因为反歧视运动和他们不配得到的机遇。有时候，白人学生因为有些学校给少数族群的学生特别留出了10%的录取名额而拒绝去报到，还起诉了这些学校。你可以简单地理解成有些白人学生因为成绩太差，连 90% 的名额都争取不到。

我不知道正式或非正式的反歧视运动政策给我带来过什么好处。上学的时候，不管课程的难度系数怎样，我的成绩肯定都是名列前茅的。根据之前的记录，我七年级的平均成绩是马萨诸塞州列克星敦一所初中里最高的。列克星敦还是波士顿的一个富人区。我在布朗克斯科学高中的初级数学教务考试中得了最高分。在 SAT 考试中，我的数学成绩达到了 99 个百分点。成年后，我又编著或与人合著了 7 本书籍。作为有色人种，我不知道自己有没有资格受到特殊对待，但我知道即使有人觉得我智力低下，我已有足够的底气把他们的这些质疑当作笑话，他们的偏见本来也就是笑话。

但我很清楚，有很多其他的黑人同胞不能像我一样经得起别人对他们智力和梦想的诋毁。有时候，我也会想：我这一路到底是怎么熬过来的？

5 浪漫的宇宙

THE ROMANCING COSMOS

虽然远程观测高效便捷，但我们也不能否认高山观测的壮美。不管结果如何，我想总有一天，当我老了，我会对我的研究生们说：过去，人们不可能待在家里就能获得数据。

我终于抵达了山顶。那是我从上小学时第一次通过双筒望远镜望向夜空时就深埋在心中的梦想。我其实登上过很多山峰。最开始是在得克萨斯大学读研期间登上了得州西部洛克山的麦克唐纳天文台。那是北美大陆最偏远（夜间最黑暗）的地区之一。我的第一篇科研论文就是基于我在麦克唐纳天文台搜集的数据，当时我还在读研。

我去过的位于偏远山区的天文台还有加利福尼亚南部帕洛马山的哈尔天文台和位于亚利桑那州基特峰的国家天文台。这些天文台还是容易去的，而其他的天文台却要经过长途跋涉才能到达。去智利安第斯山上的托洛洛山美国洲际天文台就是这样的旅程，但我在那里做的宇宙观测实验却比去其他任何天文台做的都多。

我骨子里是一个习惯城市生活的人，但高山对我来说却是特别的存在。站在高山上，我内心深处的一些想法和灵感就会迸发出来，山顶清新的空气也能让我的思维更加清晰。我想不只是我一个人有这种感受。历史上，高山也曾启发过无数先人，促使他们采取相应的行动。还有什么能驱使理性的人去爬山呢？没有其他原因，只是为了看看山的另一边是什么。此外，摩西[1]在山顶上受到了神的感召，知晓了“摩西十诫”，而不是在山谷里。如果山不过来，穆罕默德[2]很乐意自己走过去。当大洪水退下时，诺亚将救世方舟停在了一座山上。1968年4月3日，马丁·路德·金发表了一场预言性的演讲，那也是他遇刺的前一天。他大声宣告：“我到达过山顶……我看到了一片希望之地。也许我不能和你们一同到达那里，但我希望你们知道，人类终有一天会到达。”

我在山顶上构思出了我的博士毕业典礼演讲——我人生中最重要的演讲。如果夜空景观公寓的屋顶也算一种形式的山顶，在那里发生的很多事情也给过我很大启发。然

[1] 公元前13世纪时犹太人的民族领袖。史学界认为他是犹太教的创始者。
[2] 伊斯兰教创传者，被穆斯林认为是安拉的使者和“最后的先知”。

而，在智利的托洛洛山美国洲际天文台，我终于能以最近的距离直面自己的灵魂。

托洛洛山美国洲际天文台位于南半球，这里的夜空景观的繁星种类和方向都和北半球观测到的完全不同。特别是托洛洛山美国洲际天文台，位于南纬 30 度——银河系中心，星星在日落时升起，在日出时落下。6 月份，银河系中心正好在头顶正上方经过。我的研究领域基本集中于距离银河系中心 3 度以内的地区，也就是所谓的“银河系核球”。那是一个稍扁平的球状区域，由超过 100 亿颗恒星组成，总数量大概占到银河系的 10%。在观察距离我们最近的星系时，我们一般只能清晰地看到最亮最大的恒星，而其余的几十亿颗星星只不过是一团团模糊的亮点而已。而在这个季节，我们可以单独观测到银河系的一颗颗恒星，于是我们就有了可以了解整个银河系结构的独一无二的平台。

要观察银河系核球，我们得先提前半年提交一份概述我们想法的观测申请。我们得证明此次的科学项目是有价值的，还要详细描述所需的硬件设备。我们要与别的科学小组竞争观测的时间，山上最大的一组望远镜的预定率可以达到同期的 5 倍。天文台使用分配委员会负责分配观测时间，最短只有两晚，不过一般都是 4—6 个晚上。在分配观测时间时，天气因素是不予考虑的，所以如果遇到坏天气，夜空就会乌云密布。

正式观测前一两周，我就准备好了具体的坐标图，搜集了星空图表，找来了先前观测中做的对此次观测有用的手稿和笔记，然后就出发了。在 6 月份，从纽约城区飞 5000 英里到达圣地亚哥，当地时间并不会改变。但这一点并没有什么用，毕竟我们的终极任务就是白天睡觉，晚上进行观测。天体物理学家永远不会抱怨倒时差，因为倒时差最多也就 12 个小时，正好是我们进行夜间观测要适应的时间。这么看来，倒时差只会让我们更好地适应日夜颠倒的作息。

我们的旅程需要先从纽约飞两个半小时到达迈阿密国际机场，中途停留两个小时后再飞七个半小时到达圣地亚哥国际机场，然后再搭 40 分钟的出租车驶过一段危险的路程到达托洛洛山美国洲际天文台在圣地亚哥市中心的

“接待屋”。在那里待 8 小时后，我们要再坐 20 分钟的出租车（这次的路程不再那么危险了）到圣地亚哥公交车站。然后公交车会朝北沿着安第斯山脉的海岸线一路向上开 7 个小时，到达托洛洛山美国洲际天文台的拉塞雷纳行政总部。在总部过一夜后，我们还要坐一个半小时的面包车到达埃尔基谷，最后再步行去托洛洛峰。一路上，我带的厚衣服能帮我抵挡智利山区冬季的严寒。我凭借敏锐的视力看到巨大的南美秃鹫不断向山脉的上升暖气流飞去，这预示着今晚不利于观察星空。等到了山顶上，在与银河系核球的光点相约之前，我们只有 24 小时的时间来准备夜间观测的设备。

你也可以用另一种眼光观察银河系核球。这些光点在 26000 年前的克罗马农人[1]时期就开始围绕着银河系中心运动。而我的观测之旅比他们的历程要短得多，三天前才开始，但同样充满戏剧性。我和这些光点在望远镜焦平面上的探测器上相遇了。我不禁思索那些没有被望远镜

[1] 旧石器时代晚期智人的通称。化石在 1868 年首先发现于法国南部克罗马农山洞中。

巨大镜面捕捉到的光点的命运。想象一下，这些光穿越了26000光年的距离才到达地球，却不能被望远镜观测到，而是出现在了山的另一边。虽然我们在地球上完全看不到银河系中心的大多数光点，但它们仍然在星际间不断移动。我看到的只是无数光点中的一小部分，而这一小部分已经足够成为我宇宙研究生涯的基础。

最佳的观测时刻已经到来。时间把握得刚好，夜空万里无云，无数个光点呈现在夜空中。天文台俨然成了我的圣殿——穹顶之下是一架望远镜，晦暗的控制室里二十几台电脑监视器不断更新着望远镜、探测器、观测目标、不断简化的数据和当地天气的信息。

这次旅行中，我在控制室的助手是我的同事和好友，他是一位著名的纯理论学家，也就是说他不需要全面了解望远镜。我们是三位合作伙伴中的两位，在这个项目中收集成千上万颗恒星的重元素和它们在宇宙中运行速度的原始数据。利用这些数据，我们就能研究银河系核球的历史和结构。我的这位同事从来没有通过大型光学望远镜观测过，所以我觉得应该带他来托洛洛山美国洲际天文台感受一下，但在他走进天文台5个小时之后，智利中心地区就发生了6.5级的地震。探测器的镜片因为地震而错位了，搜集了好几个小时的数据也毁了。也许是天文台的神明因为一个纯理论家踏入这片圣地而动怒了，或是安第斯山脉的地质活动太剧烈。不管怎样，下次我还是不要带他来了。

在普林斯顿大学，天体物理学部有强大的电脑工作站。我们可以通过这些电脑简化和分析观测到的大量数据，就像古生物学家通过沉积岩里的化石来分析岩石年份，我们根据恒星重元素[1]的密度来判断它的年龄。根据大爆炸理论，宇宙中最早形成的气体云块和从中产生的最早的恒星都是由纯氢和氦构成的。宇宙中大多数比这两种元素更重要的元素源于超新星爆发——大质量恒星在演化后期发生的剧烈爆炸。超新星喷射出的携带重元素的物质和气体云块混合，于是新一代恒星就诞生了。每一代恒星在不断演化中其重元素会不断累积。

虽然有些恒星在诞生不久就死亡了，但大多数恒星的

[1]重元素主要是指原子序数较高、相对原子质量较大的元素。

寿命可达好几十亿年。所以，我们看到的银河系核球是无数代恒星的混合体。我们可以通过比较银河系核球中拥有少量重元素的恒星和拥有大量重元素的恒星的数量来分析恒星的历史。通过标记每颗恒星的速度和在银河系中的位置，我们就可以得到关于银河系核球的质量、引力和起源的有用信息。

要得出可信度高的科学结论，我们需要高质量的数据。要在天文台拥有一晚高质量的观测体验，就需要绝佳的大气条件。地表的升温和降温现象是不规则的，低层大气会因为上升和下降气流变得不稳定。秃鹫喜欢向山脉的上升暖气流飞去，但对天体物理学家来说，上升气流是十分不利的。上升气流会使恒星的影像在探测器上变成波纹状的亮点，这会严重影响观测的效率和数据的质量。所以为了你自身的安全，请不要对一个天体物理学家说：“希望你观察到的星星都会眨眼睛。”

在低层大气中，你越向上走，气压就会以指数形式下降。海拔 7000 英尺高的托洛洛山美国洲际天文台位于地球 25% 的空气分子之上，其相应的气压也会减少 25%。

这样的观测条件可以大大优化观测到的大部分天文学数据。比托洛洛山高一倍的山，像是夏威夷的冒纳凯阿火山（世界上很多大型天文望远镜的所在地）位于地球 40% 的空气分子之上，是全球最好的天文观测点的所在地。

艾萨克·牛顿爵士也在他 1704 年发表的光学论文中讲到了山顶是最理想的天文观测点。他夸张地描述道：

> 即便制造望远镜的理论可以完全地在实践中展现出来，望远镜还有无法突破的界限。我们通过大气观察星空，而大气永远处于运动之中。所以我们看到的星星都是一闪一闪的。

艾萨克爵士继续说道：

> 解决这个问题的唯一办法就是通过十分平静的空气观察星空。在最高的山顶上才能得到这样的空气，因为云层都在下面。

现在，广泛使用的哈勃天文望远镜已经成为解决这个问题的“方法”。人们把哈勃望远镜发射到轨道中，这样观察所有天体的时候就不会因为低层大气波动而造成图像质量低下和分辨率差的情况了。

然而，稀薄的空气也有弊端，在智利漫长的冬季进行夜间观测，我必须保持日常生活中难以维持的高度警觉性和机敏性。在高山上，我吸进的每口空气的含氧量都比海平面的空气低 25%，但我还要操控价值几百万美元的高精度光学仪器和硬件。压力驱使着我自觉保持一种对宇宙的兴奋状态。只有在观测星空时，我才发现，在日常生活中我常常因为心理上的发呆而走神，像是在喝咖啡的休息时间、午餐时间、查看邮件的时候以及偶尔透过办公室的窗户看向外面的时候。

观测的最后一晚，我在天文台的穹顶下听了一首古典音乐，为我的旅程画上句点。贝多芬《第九交响曲》的第四乐章里那 20 下重击正合适。我关上了天文台的观测裂口，你可以想象，裂口发出的一声巨响在穹顶下发出回声，好像教堂里丰富的乐声。在夜间，最令人梦寐以求的景象就是月球接近新一轮月相的时刻。在连续四五天的观测之后，冉冉升起的一弯新月在晨光中低低地垂在地平线上，镶嵌在黎明时分绚烂的天际。从山顶望去，日出前地平线上的天空和在海平面上看到的天空一样明亮，但四周的天空还未受到晨曦的照耀，依然沉睡在黑暗里。天空中是一片日夜交替的美景：头顶深沉的夜空还未褪去，但东方地平线上已经是一片灿烂的晨光。

我把观测数据记录在一盘高容量数据磁带上，并把它放在胸前的口袋里。回家前，我还做了两个备份：一份放在行李箱里，一份留在了山上。

然而，时代变了。

我在普林斯顿大学天体物理学系参与联合任职期间，来自 6 所机构的科学家拥有并使用着新墨西哥州阿帕奇波因特的一个 3.5 米的望远镜，我们也在这些科学家之列。阿帕奇波因特是新墨西哥州太阳黑子地区附近一个 9200 英尺高的山崖崖顶，是国家太阳天文台的所在地。它就在新墨西哥州克劳德克罗夫特的山间度假小镇边上。阿帕奇波因特天文台的特殊之处在于它可以通过互联网进行远程操控。控制室可以是每个项目成员的所在地。普林斯顿大学的控制室就在天体物理学系地下室一个特别设置的地方。在阿帕奇波因特天文台观测和在托洛洛山美国洲际天文台观测的唯一区别不过是连接电脑控制台的“电线的长度”。

虽然远程观测高效便捷，但我们也不能否认高山观测的壮美。不管结果如何，我想总有一天，当我老了，我会对我的研究生们说：过去，人们不可能待在家里就能获得数据。我们得去很远的地方，登上巍峨的高山，才能面对面地观测到宇宙繁星。

物理学的发现史是一个由成功的理论和实践相互交织的过程。有时，科学工作者理论和实践皆擅长，但他们通常要么是理论家要么是实践家。在天体物理学上，对宇宙现象的研究很少需要在实验室进行实验，所以更确切地说，天体物理学领域的实践家就是观察家，他们在很大程度上会通过山顶的天文望远镜进行观察。

观察家和理论家完全不同。如果观察家的数据在过去存在缺陷（由于低级的观测方法或无法重新观测），那么他在未来发表的数据会受到质疑，特别是当数据推翻了经过准确验证的观点或涉及了新的现象。相对的，只要还在不断探索新思路，依靠纸笔和公式的理论家可能多次犯错，而新思路往往包含了打开未来发现之门的钥匙。

在纯数学理论上，一个代数方程只需让等号左边的数值和等号右边的数值相等，而且不必和真实世界有所关联。但在物理宇宙中，方程和温度、能量、速度和力等测量出来的数值紧密联系。因此，一个关在橱柜里的人也能演算所有形式的数学公理（如果真是如此），但他不可能成为一个领先的理论物理学家。大自然拥有无穷无尽的力量，可以推翻物理学家的观点，而数学只需要解释其本身具有的逻辑。这就是为什么神童一般都在数学上有惊人天赋，而不是在物理学上。

宇宙探索的数学原理包含了一套看似复杂的代数方程语言。有些很美，有些则很晦涩，但它们都不过是物理学观点的数学表达而已。基于方程的理论和基于推理的理论之间最大的区别在于，带有你的观点的数学形式可以促进观点的成熟，而推理从数学原理中得到根据，使观点在逻辑上成立。数学是人类思维纯粹的创造。实际上，数学的惊人之处在于它是帮助我们探索宇宙的工具。天空中并没有写着宇宙可以通过数学来解释，但人类发明了数学。没有数学，科学就不会成为今天这样。

在布朗克斯科学高中上高二的时候，我第一次接触到了微积分。我记得教科书的封面和封底上满满的都是成列的难懂的方程。这些方程虽然很迷人，但对我来说完全是陌生的。我不懂它们的意义和目的。但学年才过去了一半，在冬季的雾气还没到来之前，我就把它们全学会了。它们不过是些衍生方程和积分——微积分在自然中改变数值的优雅的方式。艾萨克·牛顿爵士发明了微积分来解释为什么行星绕太阳运行的轨道是椭圆形的。我深受启发和激励，决心更多地学习数学，这样我就能研究宇宙的任何角落。

我认为，人类不可能天生就会逻辑思考。如果人天生就会逻辑思考，那么数学就是学校最简单的科目了，人类也不用耗费几千年的时间来探索科学方法。如果你惧怕方程，你不是一个人。在热销书《时间简史》的序言里，斯蒂芬·霍金引用了他的一个出版商朋友的话：如果他在书中引用一个方程，书的销量就会减少一半。如果霍金在书中引用了 10 个方程，那么销量就会减少到原来的 1/2 的十次方，也就是说，只剩下了千分之一的读者。当然在出版的时候，书里还是引用了一些方程，但少了很多。我们也都知道，《时间简史》成了有史以来最畅销的科普书籍之一。

如果你一看到方程就心烦，你就简单地把它想象成你一开始不了解的事物。比如说，下列这个方程是麦克斯韦速率分布方程，是英国著名物理学家詹姆斯·克拉克·麦克斯韦（1831—1879）发明的。这个方程包含了很多符号：

$$F(v)\,dv = 4pn\left(\frac{m}{2pkT}\right)^{3/2} v^2 exp\,(-mv^2/2kT)\,dv$$

就像很多重要的描述宇宙现象的方程，这个分布方程只比普通报纸上的统计图表复杂一点而已，《今日美国》这样的报纸就很喜欢刊登图表。这种方程告诉我们宇宙的各种特性是如何组织在一起的。麦克斯韦速率分布方程就是让我们计算在一定速度范围内运动的气体分子而已。

当你要计算低层大气的分子活动时，你可以利用这个方程计算出当运动的空气分子数量最多时的空气速度。这个速度是每秒 450 米。利用这个速度，你可以进一步计算出空气中声音的传播速度（要用到另一个公式），这个数值和先前的空气速度密切相关。

从高中到大学，再到研究生，我都学的是数学和物理，渐渐地，世界的运行方式在我眼里变得越来越明朗。我可以了解、描述和预测我先前无法掌控的现象了。

学会这些方程确实需要你花费 15 秒的时间阅读描述它们的段落。一旦你彻底了解了方程式的深度和精髓，你就能把它们和其他需要广泛研究的方程式联动起来使用。然而，物理学方程并不比其他学科的表达渠道神秘。比如说，几乎每个人都知道脱氧核糖核酸就是 DNA。DNA 可以用来识别所有的生物，但经过常年的研究，人们除了充分了解其功能外，对它一无所知。或者拿肿头龙举例。8 岁的孩子都知道肿头龙是一种长相好玩、头上有鼓鼓的瘤状突出头骨的恐龙，但要了解肿头龙的类属，古生物学家要做的工作可比单单记住它的名字困难多了。大家都知道，化学中有很多复杂的物质名称。我最喜欢的化学物质是盐酸羟甲唑啉，也就是我每天都要用的鼻腔喷雾剂的活性成分。它能清理我的鼻子，除此之外，我得参加药理学课程才能了解这种物质在我鼻子里如何发挥作用。以下的四行诗句节选自乔叟的《坎特布雷故事集》的序言。这些诗句是古英语，需要做不少的功课才能破译和理解呢。

And smale foweles maken melodye
That slepen al the nyght with open yë
(so priketh hem nature in hir corages);
Thanne longen folk to goon on pilgrimages.

所以我从不抱怨方程式太过晦涩难懂。此外，和其他复杂的表达不同，方程能让我们准确预测自然和宇宙现象。在历史长河中，狂热的宗教崇拜总是围绕着那些称自己有特殊力量、能预测未来的人。而事实上，一般的科学工作者都能掀起有史以来最虔诚的狂热崇拜。他们只需隐藏起现象背后的公式和科学方法，只向教徒们说出预言就行了：明天太阳会在7:02升起；一颗彗星会碎成20多块撞向木星；正午的太阳会被黑暗吞噬。从社会学来看，这些预言肯定会引起轰动。

有些方程之所以非常晦涩难懂，是因为其中包含了一些陌生的符号。这年头，不包含扭曲外文字母的方程已经很少了，而最歪歪扭扭的字母要数小写的希腊字母。按照从前到后的顺序，它们是：αβγδεζηθικλμνξοπρστυφχψω。其中最著名的一个应该就是字母π。π通常表示的是圆的周长和直径的比值，因此，各种涉及几何学的公式里都有它的存在——从圆的面积到宇宙的形状。顺便一提，你永远都会记得计算圆面积的公式，因为俗语说：π不是圆的，π是方的、平方的（squared有双关意义，既是“方的”，又有“平方的”之意）。用公式表示就是$A=\pi r^2$。至少有一半的小写希腊字母经常在天体物理学上用来表示物理量。

我们也会用到大写希腊字母：Α Β Γ Δ Ε Ζ Η Θ Ι Κ

Λ Μ Ν Ξ Ο Π Ρ Σ Τ Υ Φ Χ Ψ Ω，虽然其中很多字母与我们熟悉的罗马字母很像。宇宙学是研究宇宙的起源和命运的学科。在宇宙学上，最常用的一个符号就是 Ω。Ω 是宇宙中实际质量密度和“临界”密度的比率。它能告诉我们不断扩张的宇宙会不会有一天因为所有宇宙物质引力的积累而再度坍缩。最近的数据显示目前的 Ω=1，这意味着平面宇宙会永远在坍缩的边缘不断扩张。用小写希腊字母 ρ 表示密度，那么它们的关系就是：

$$\Omega = \rho / \rho_{crit}$$

公式不是观点本身，公式只是表示观点的符号。依靠这个微妙但又重要的区别，四肢瘫痪的史蒂芬·霍金能在大脑中演绎宇宙的本质，而不用在纸上演算公式。

虽然公式非常严谨，但公式也有它们的小趣味。如果一个公式里包含了太多的希腊字母，你就可以说：“它太希腊了。”如果你不喜欢数学，但又想在都是工程师和科学家的派对上博大家一笑，我向你保证下面的这个谜语肯定会让他们开怀大笑：

问：让兔子和大象杂交（cross 有“杂交”和“相乘”

的意思)，你会得到什么?

答：兔子大象 sin θ 。

以上的谜语之所以好笑是因为有一个数学运算叫“向量积”，即取两个向量（比如两个速率和两个力），将它们的值与 θ 的正弦相乘就能得到“向量积”，θ 就是两个向量之间的夹角。正弦函数是三角学中的运算之一，你在高中之后应该再也没见过了。在数学上，向量积的公式是：

$$|A \times B| = AB\sin\theta$$

“| |”符号指的是要计算 AB 向量的值。在显然荒谬的代数代换中，你把 A 设成兔子，B 设成大象，原来的谜语就说得通了。每个物理和工程学的学生都学过向量积和其他与物理量有关的有用公式，但他们一般在大学第一年后就不学了。

我第一次看到这个公式是在高中的浴室里。

$$\int e^x = f(u)^n$$

这个细长而优雅的“S”形符号是 17 世纪的著名数学家戈特弗里德·威廉·莱布尼茨发明的，看起来很像字母

“S” 的艺术字形式，它用来表示一个总量。如果不把这个公式当作一个正式的公式，它读起来真的很像 “性 = 乐趣（sex=fun）”。这就是我们高中浴室的一点小幽默啦。

在我看来，有史以来意义最丰富的公式莫过于英国物理学家詹姆斯·克拉克·麦克斯韦创造的方程组。麦克斯韦方程组是经典物理学（20 世纪之前的物理学）的顶峰，它完善地描述了电磁波传播的形式（比如通过光）。我把这些方程组列出来不是要你们通过它们计算，而是因为这些方程组很美，展现了宇宙中一种无与伦比的对称美。

$$\nabla \cdot \mathbf{E} = 4\pi\rho$$

$$\nabla \times \mathbf{E} = -\frac{1}{c}\frac{\partial \mathbf{B}}{\partial t}$$

$$\nabla \cdot \mathbf{B} = 0$$

$$\nabla \times \mathbf{B} = \frac{1}{c}\frac{\partial \mathbf{E}}{\partial t} + \frac{4\pi}{c}\mathbf{J}$$

E 表示电场，B 表示磁场，J 表示移动电荷的电流。从前，人们认为电和磁是两种不相干的概念，但麦克斯韦的方程将电和磁联系起来，展现了一种叫作电磁的物理现象。看看第一行里旁边有一个点和字母 E 的倒三角形。这个方程展现的是带电物体周围电场的运动。对应这个方程的是第三行方程，它展现的是磁场的运动，只是这个方程等于零。自然界有一个鲜为人知的特殊情况，宇宙中的电荷是可隔离的（隔离成正电荷和负电荷），但磁荷不可隔离。也就是说，磁铁的北极和南极总是互相吸引。不信你试试看，把家里的磁铁敲碎，不管碎片大小如何，它们都会同时变成拥有南北两极的磁铁。在物理术语中，宇宙中没有单极子（正如麦克斯韦方程组揭示的那样）。这仍是宇宙的一大谜题。

如果你想了解更多的关于麦克斯韦方程组的知识，你需要学习矢量演算和电动力学。我在这里就不多加赘述了。

有些公式也是对称的，但相对来说更简单，这要看它们构成的坐标系。一个广泛应用的用来表示很多东西的空间形状的公式叫拉普拉斯算子，它以法国著名数学家皮埃尔－西蒙·德·拉普拉斯命名，表现在常见的 x、y、z 坐标系上：

$$\nabla^2 = \frac{\partial^2}{\partial x^2} + \frac{\partial^2}{\partial y^2} + \frac{\partial^2}{\partial z^2}$$

这是一个流畅的算子，就好像生产线上的机器一样。你输入一个数学函数，它就会输出三维空间中该函数的表达形式。在很多情况下，当你把 x、y、z 坐标系转换成球坐标系 r、φ、θ，这个公式会更简单。所谓的球坐标系就是应用于球体的自然坐标系，这些球体可以是恒星，也可以是星系光晕。但现在，这个公式可以让一个成年人难哭：

$$\nabla^2 = \frac{1}{r^2}\frac{\partial}{\partial r}\left(r^2\frac{\partial}{\partial r}\right) + \frac{1}{r^2 sin\theta}\frac{\partial}{\partial \theta}\left(\sin\theta\frac{\partial}{\partial \theta}\right) + \frac{1}{r^2\sin^2\theta}\frac{\partial^2}{\partial \phi^2}$$

在布朗克斯科学高中，你口袋计算机上的数学函数越多，你在学校就越受欢迎，比当体育明星还有用。在学习了麦克斯韦方程组后，我的一个同班同学叫弗朗斯·拉伦斯，他当时正沉迷于一组数学关系，希望有一天把它们变成“拉伦斯方程”。我已经了解了拉普拉斯和与他同时代的著名数学家约瑟夫·路易斯·拉格朗日（1736—1813），我想拉伦斯肯定无法和他们匹敌。

如果一个人的名字和大量的公式联系在了一起，那么他将永远和源源不断的科学发现有关。比如，在拉普拉斯又发明了一些数学公式之后，牛顿的万有引力定律让我们能通过天王星轨道受到的引力牵拉作用发现太阳系外的行星。我们也确实利用这个方法按照预计的那样发现了海王星。

水星的轨道运动也不严格遵循牛顿的运动定律。尽管考虑到水星受太阳系中其他星球的引力的影响，但水星在其椭圆轨道上的近日点进动[1]总是和预计的有偏差。然而，虽然所有已知的引力来源，即所有其他的行星都考虑到了，但观测到的进动偏差还是超出牛顿运动定律的解释范围。在成功发现海王星之后，天文学家便蓄势待发。1846 年，预测了海王星的存在和位置的天文学家奥本·尚·约瑟夫·勒维耶 (1811—1877) 又接手了发现新行星的任务。没过多久，勒维耶就在 1846 年提出了一颗新的行星——火神星的存在。火神星以罗马神话中火神

[1] 一个自转的物体受外力作用导致其自转轴绕某一中心旋转，这种现象称为进动，也叫作旋进。

的名字命名。当它接近太阳的时候，它的引力会对水星产生牵拉作用，这个牵引力足够弥补之前与牛顿运动定律的偏差。这颗行星本可以（本将会）在历史上无数次的日全食中被观测到，不过别介意这个了，至少它在牛顿万有引力定律下存在了 70 年。

1916 年，爱因斯坦提出了广义相对论（现代引力理论）。他的引力方程表示：在强烈引力源头的附近区域，牛顿的万有引力定律无法准确解释物质的运动。由于时空结构会发生弯曲，人们不能仅仅依靠牛顿万有引力定律来解释物理现象了。当然，水星近日点进动偏差完全证明了爱因斯坦的新理论。在勒维耶的事例中，面对无法解释的行星运动，科学家想到了预测并发现新行星的存在。而在爱因斯坦的事例中，无法解释的行星运动却促使了新物理理论的诞生。这就是科学研究者要面对的令人精神崩溃的道路。

在物理学历史上，更加完善的理论会取代先前成功的理论，但这并不意味着先前理论（和公式）突然间完全失去作用。这两者之间是一种传承的关系。在慢速和弱引力的情况下，爱因斯坦的公式和牛顿的公式完全一样。而拆去牛顿公式的外壳，它就跟约翰尼斯·开普勒的行星运动的三大定律一模一样。

用纸笔计算一个方程里的未知数就和在烛光下用羽毛笔写信一样高尚而孤独。为了解出复杂的方程，你可以专心致志地伏案数小时。在通往答案的路上，你可以不吃饭、不顾个人卫生，无视时间的流逝。我发现，当我计算前人没有计算过的数据时，比如在山顶天文台观测夜空，我的专注力达到了顶峰。但讽刺的是，在这些时刻，我常常会忘记那些连精神病人和被打蒙的拳击手都知道的东西：你叫什么名字？今天星期几？美国的总统是谁？在精神高度集中的时候，我什么也不记得、不知道、不在乎，因为我正静静地通过方程式操控着整个宇宙的引擎。

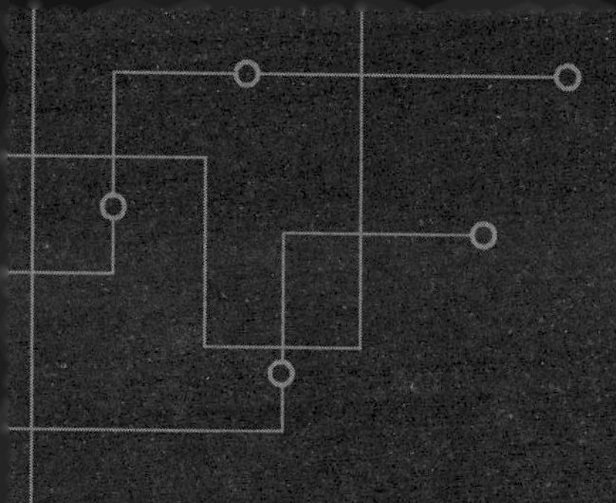

6 世界末日

THE END OF THE WORLD

不管你藏到哪里，你都是宇宙中的一分子，而宇宙正无情地渐渐迈向终会到来的末日。

在某些人眼里，小行星是值得珍藏和展示的奖品，但在我看来，小行星也是末日和灾难的征兆。想象一下，一颗大型小行星撞向地球最慢的速度也可达到每秒 6 到 7 英里。要是我花重金购买的艺术品以这样的速度向我砸来，我会像一只虫子一样被碾碎。一颗沙滩排球大小的小行星就能把一所四居室的住房夷为平地。一个直径为几英里的小行星就能完全改变地球的生态系统并杀死地球上的大多数生物。陨石对我来说就意味着这些，你们也应该意识到，因为我们的墓碑上写着“死于小行星撞击”的可能性几乎和写着“死于空难”的可能性一样大。

在过去的 400 年里，有二十几个人死于小行星撞击地球，但在短短的航空史上，已有好几千人死于飞机事故。根据现有的记录预计，1000 万年后，死于空难的人将达到10亿人（按照每年死于空难人数的比例保守估计），一颗小行星撞击地球也能杀死10亿人。你可能会觉得，一次空难只能杀死几个人，而大型小行星可能在100万年里也不会撞击地球。可这样的认识混淆了很多人，因为一旦小行星撞地球，几亿人口会瞬间丧命，等全球气候因此发生突变之后，死去的人会更多。

在太阳系形成早期，小行星和彗星撞击行星的频率高得惊人。行星形成原理告诉我们，富含化学物质的气体冷凝后成为分子，接着是尘埃粒子，然后是岩石和冰。再然后，这些物质开始碰撞。通过碰撞，化学物质在引力的作用下由较小的物质凝结成了较大的物质。这些较大的物质则随机慢慢地吸积[1]成更大的物质，其引力也会变得更大，以吸引更多的物质。随着吸积不断进行下去，一团团物质最终在引力的作用下变成球体，于是行星诞生了。体积较大的行星拥有足够大的引力保证其外部有气体围绕。在这之后，所有的行星都会继续吸积，只是程度不像形成

[1]指致密天体由引力俘获周围物质的过程。

之初那么剧烈了。

太阳系外遥远的地方还存在着几十亿颗（可能有几万亿颗）彗星。它们的运行轨道比冥王星的轨道大几千倍，很容易受到附近恒星和星际云的引力影响，从而不断接近太阳。在太阳系内部有很多短周期彗星，其中20多颗的运行轨道和地球的公转轨道相交。太阳系中还有几千颗被编号的小行星，其中也有至少100颗的运行轨道和地球的公转轨道相交。

那年夏天，从乌兰堡营地返程的路上，我们去了亚利桑那州的巴林杰陨石坑参观。人类灵魂中最谦卑的驱动力莫过于将眼见为实的景象和大脑中的相关知识结合起来。乍一看，陨石坑不过是地面上的一个巨洞——大约有14个足球场那么宽，深度足有6层楼的高度。几百英里外就是大峡谷国家公园，对亚利桑那人来说，地面上有个大坑不足为奇。但是，地球需要几百万年才能雕刻出壮丽的大峡谷，而宇宙中一颗6000吨重、运行速度可达每秒20英里的小行星只需不到一秒的时间就能创造出这样一个巨坑。我无意冒犯大峡谷爱好者，但在我看来，巴林杰陨石坑是世界上最壮美的奇观。

行星撞击委婉的（而且非常准确的）说法叫吸积，但我更喜欢称它为“灭绝物种、摧毁生态的事件”。但是从太阳系历史的宏观角度来看，这两种说法没有什么分别。我们不能既为生活在行星上感到高兴，享受着地球上丰富的化学物质，庆幸没有遭遇恐龙的厄运，又抱怨行星上可能会发生的灾难。当小行星撞击地球，其一部分能量会通过摩擦和空气中的冲击波分散到大气层里。音爆也是冲击波的一种。当飞机以 1 到 3 倍音速飞行时，音爆就会产生。音爆的破坏力不大，最多只会让机舱里的碗碟摇晃一下。但小行星撞击地球的平均速度可达每小时 45000 英里，约为音速的 70 倍。这个速度产生的冲击波可是灾难性的。

如果小行星（或彗星）的体积足够大，冲击波还不足以把它震碎，其剩下的能量会直接施加在地球上。地球表面会发生爆炸，地表迅速升温，撞击产生的陨石坑可达原有小行星直径的 20 倍。如果撞击接连不断，间隔时间不长，那么地球表面就无法降温。我们可以通过月球表面发现的原始陨石坑推测（月球是距离地球最近的星球），46

亿年到40亿年前，地球曾一度经受大量的小行星撞击。地球上最古老的证明生命存在的化石存在于38亿年前。在那之前，地球表面曾贫瘠荒凉。虽然小行星撞击带来了形成生命的基本物质，但却抑制了地球表面复杂分子和生命的产生。人们通常认为生命形成的时间是8亿年（46亿年减38亿年就是8亿年）。但是，从有机化学角度考虑，你还得先减去地球表面冷却的时间，所以生命形成只剩下2亿年的时间。生命从复杂的化学液体中产生，而这液体中肯定包含了水。

没错，你每天喝的水大都是40多亿年前撞击地球的彗星带来的，但不是所有的宇宙碎片都是太阳系形成初期的产物。地球曾被火星弹射出的石块击中过十几次，被月球弹出的石块击中过无数次。当小行星撞击其他星球时的能量过大，撞击点附近的小石块就会被弹射出，其速度足以逃离星球的引力。然后，这些小石块会继续围绕着太阳运转，直到它们又撞向什么星球。历史上最有名的来自火星的陨石是1984年在南极艾伦山附近发现的第一块陨石。这块陨石的官方编号非常简短合理——ALH84001，但它却包含着一些间接却诱人的证据，证明十亿年前，火星这颗红色的星球上曾活跃着简单的生命体。我在上文中也提到过，1996 年，美国国家航空航天局的一组科学家发布了这个消息，随后引起了媒体的疯狂报道。火星拥有丰富的证明其历史上存在流动水的“地质”证据：干涸的河床、三角洲和冲积平原。既然我们都知道，液态水是生命生存必不可少的条件，那么火星上存在生命也不是什么不可信的事。有趣的是，如果假设生命最先出现在火星，那么火星上的细菌可能受到陨石撞击又跟随着射出的石块落到了地球，再在地球上不断进化繁衍。这个过程甚至有一个专有名词：有生源说。也许我们都是火星人呢。

与很多宇宙探索的最新学说一样，ALH84001 陨石上存在生命体的说法至今仍有争议。人们总会找出更多的理由去火星上寻找更多的数据。同时，物质从火星落到地球比从地球落到火星的可能性大得多。离开地球重力所需的能量是离开火星表面所需能量的 2.5 倍多。不仅如此，地球大气层的密度也比火星大气层大 100 倍。地球上的空气阻力（相对于火星）非常大。如果细菌在星际中漫游几百万年才落到地球上，保证存活也确实不易。还好地球上不缺液态水和丰富的化学物质，所以我们完全不必用有生源说来解释生命的起源，虽然我们至今无法对此给出合理解释。

讽刺的是，我们可以（也确实）把某些化石遗迹记载的生物大灭绝归因于小行星撞击地球。地球表面 70% 都是水，99% 的区域无人居住，你可以想象，几乎所有天体撞击地球的位置都应该要么在海上，要么在无人居住的荒原。所以为什么电影里的陨石撞击都瞄得那么准？电影《绝世天劫》就是这样一个例子。影片里陨石的撞击点竟然是纽约市中心的克莱斯勒大厦。在 1997 年的迷你剧《地球末日》中，陨石直直地撞向堪萨斯州的一个大坝，溢出的洪水淹没了附近的城镇。如果你是一位电影制作者，你大可以在电影里杀死地球上的所有生物，你只要让小行星撞击到海面上，引起的全球性海啸就足以淹没世界上的沿海城市。

1908 年，在西伯利亚通古斯河附近，一颗陨石撞向地球后引起了大爆炸。该地也成了世界著名的陨石遗址之一。在大爆炸中，几千平方米的森林被毁，爆炸点周围300平方千米的土地被夷为平地。陨石的直径大概有60米（大约是20层楼的高度）。由于陨石在半空中爆炸，所以附近没有留下陨石坑。这种规模的大爆炸平均每隔几个世纪都会发生一次。墨西哥尤卡坦半岛的希克苏鲁伯陨石坑直径达到了200千米，估计是由一个直径为10千米的陨石留下的。这颗陨石撞击地球的能量比“二战”中爆炸的原子弹还大50亿倍。这样的撞击大约1亿年发生一次。希克苏鲁伯陨石坑形成的时间是6500万年前，直至今日，世界上还没有发生过同等规模的陨石撞击。在这颗小行星撞击地球时，正巧霸王龙和其他恐龙灭绝了。恐龙灭绝之后，树鼩这样的小型哺乳动物开始不断进化成更高级的物种。

那些否认陨石撞击地球造成地球生物灭绝的古生物学家和地质学家肯定知道外来天体带到地球的能量还有别的作用吧。天文学上，不同的陨石所带来的能量大小不同。多数陨石的能量不到10兆吨，这类陨石一般在大气层中爆炸，不会在地面上留下陨石坑。少数没有爆炸且留下陨石坑的陨石一般主要由铁元素构成。

幸运的是，在运行轨道与地球轨道相交的小行星中，我们可以把那些直径超过一千米的记录在册，因为直径超过一千米的天体撞击地球后可能引起全球性的灾难。在小行星撞击地球前发布预警和布置防御系统以保护人类自身安全是我们的现实目标。然而，直径小于一千米的天体无法反射足够的太阳光，我们很难观测和追踪到它们。它们可能在没有任何预兆的情况下撞击地球，或者它们会提前显示出征兆，但已经没有足够的时间让我们做好准备了。不过好消息是，虽然这类陨石的能量足以把整个国家夷为平地，但不至于让人类面临灭绝。好了，就此打住吧。

我越了解小行星撞击地球的风险，就越觉得地球上的生命是那么的脆弱。也许是我知道的太多了，我无法保持冷静。在 1998 年的灾难片《天地大冲撞》中，一颗彗星真的撞向了大西洋（而不是撞向著名城市的标志性建筑），掀起的海潮淹没了包括纽约在内的北美沿海城市。在影片中，随着海水涌向城市，哈德逊河河谷涨潮，我现在住的居民楼和其他曼哈顿下城区的建筑像多米诺骨牌一样倒下去。在普通的灾难，像是龙卷风、飓风、火山爆发、地震和海啸面前，我们人类是那么的无助。我们既不能控制它们，也不能阻止它们。然而，和致命的小行星撞地球比起来，最严重的自然灾害也会相形见绌。

当然，地球不是唯一受到天体撞击威胁的岩态行星。在一个非专业的观测者看来，水星布满陨石坑的表面和月球没什么两样。最近的无线电地形图显示，云层笼罩的金星表面也不缺陨石坑。火星在历史上的地质活动非常活跃，最近又刚刚出现了一个大陨石坑。

地球的化石遗迹包含很多已经灭绝的生物——在智人出现很久之前活跃于地球上的生物。恐龙正是这类生物。面对如此可怕的天体撞击，我们能做些什么呢？激进的好战者们大声疾呼“用核武器把它们炸飞”。的确，人类发明的最高效的破坏性武器就是核武器。用核武器正面攻击飞向地球的小行星能把它炸成好几块小碎片，撞击的力量也会大大减弱，最终变成一场没有危险但壮美绝伦的流星雨。（外太空没有空气，所以就没有冲击波，所以核弹头必须直接接触小行星才能对其造成伤害。）

另一种方法就是利用高辐射的中子弹（就是那种可以杀死建筑里面的人但建筑纹丝不动的炸弹）。我们可以利用高能量的中子辐射给小行星的一侧加温，等温度上升到一定程度，小行星中的物质就会喷射出来，其自身也会因此偏离撞击地球的轨道。另一种更温和的方法则是用一架慢速但是稳定的火箭从小行星的一侧将其推离撞击地球的轨道。如果尽早采取行动，我们只需利用传统的化学燃料就可以给小行星施加一个较小的力将其推离轨道。如果我们将每个直径一千米（及以上）的运行轨道与地球轨道相交的小行星编号，那么我们可以通过精密的计算筛选出几百甚至几千颗未来可能与地球发生碰撞的小行星，地球上的人也能有足够的时间做好防御工作。但我们无法统计所有可能撞击地球的天体，而且我们对天体未来运动的预测（要预测千百万颗天体的轨道）也严重受到混乱的轨道运动的影响。

我们应该在地下建造一个导弹库随时准备着保卫人类

吗？首先，我们要做的是确定具体有哪些天体的运行轨道会对地球造成威胁。在全球范围内，研究这个领域的学者只有一二十人。在未来，你愿意投入多大的精力来保卫地球上的人类？在回答这个问题之前，先在下个假期去亚利桑那的巴林格陨石坑看看吧。

有时候，好像每个人都想告诉你“世界”会在什么时候、以何种方式面临末日，只不过其中的有些说法更加广为人知。媒体热议的世界末日形式有传染病的肆虐、核战争、环境恶化，当然还有小行星和彗星撞击地球。虽然这些灾难的原因千差万别，但最终都会导致地球上人类的灭绝（可能也会导致其他生物的灭绝）。但诸如“拯救地球”这样陈词滥调的口号背后隐含的意义是以人类为中心的，宣传者指的是拯救地球上的生命，而不是地球本身。

其实人类既不能拯救地球，也不能毁灭地球。不管出于何种原因，人类灭绝之后，地球仍会和月球一起绕着太阳转动。尽管如此，还有其他我们不太熟悉，但同样真实的世界末日威胁着这颗气候温和、运转稳定的太阳系行星。我提出以下这些预言，不是因为人类能存活得够久来目睹这样的场景，而是因为我可以通过天体物理学的知识来预测地球的未来。我想到的三种导致地球毁灭的原因分别是太阳的消亡、银河系与仙女座星系的碰撞和宇宙的灭亡。天体物理学界也刚刚在这三种地球末日上达成了共识。

我并不会在日常生活中因为这些末日场景变得忧心忡忡，毕竟这些活动的过程非常缓慢而稳定，但我会梦到它们。如果能调快时间，我看到的这些末日景象将是何等壮观。恒星演化的计算机模型类似于精算表。模型显示，太阳健康的寿命是 100 亿年。据估算，如今太阳已经存在了 50 亿年，所以它还有 50 亿年的时间保持相对稳定的能量输出。50 亿年后，如果人类还是不能想出办法离开地球，那么我们就只能目睹地球的主星——太阳燃尽枯竭后产生的巨变。

太阳内部温度可达 1500 万度，内核中的氢核不断稳定地聚变成氦核，因此太阳才能保持稳定状态。太阳的外部气压和内部核聚变相互抗衡，维持着引力的稳定，整颗星球才不至于向内崩塌。太阳90%的物质是氢，但真正重要的是内部的氢元素。当内核的氢被消耗殆尽，太阳中心就只剩下氦原子。氦原子需要的温度比氢核聚变成较重元素时释放的温度更高。这时引力就会失衡，太阳内部开始塌陷，内核温度将上升一亿度，氦元素将燃烧成碳。

在这个过程中，太阳的亮度显著增加，外层不断膨胀成更大的球体，水星和金星的轨道都将被吞没。最终，太阳几乎膨胀到了地球的轨道，占据了整片天空。那会非常惨烈。地球上的温度会不断上升，直到与太阳外层3000摄氏度的高温持平。地球的大气层将蒸发到宇宙中，海洋也会被高温蒸干，地球会变成太阳内部一颗红色炙热的火炭。最终，太阳会停止全部的核聚变，失去脆弱的气体外层，暴露出逐渐消亡的核心。面对如此末日场景的威胁，人类终有一天将不得不极尽所能搭载宇宙飞船离开地球。

在我成为海顿天象馆馆长后的第一场天空秀里，我编了一个题为“宇宙的心灵震颤”的脚本。脚本里包含了一两场灾难景象，就和我梦里的一样。在一个场景中，太阳慢慢地膨胀，渐渐覆盖了天空剧院的整个穹顶，变成了一颗红巨星。此时的配乐也充满了不祥之感。这场天空秀很成功，因为在之后的一个月里，我收到了几十封家长寄来的信，他们很气愤，因为他们的孩子都因为太阳可怕的命运吓得睡不着觉。

那些孩子肯定没有留意当时的旁白："50 亿年后……"

在太阳炙烤地球后不久，银河系也会遇上一些麻烦。在成百上千个运行速度与银河系相当的星系中，只有几个星系正在向我们移动，其他的都以各自的运行速度远离银河系。20 世纪 20 年代，爱德文·哈勃（发明哈勃望远镜的科学家）发现，星系的红移现象是可观察到的体现宇宙扩张的标志。银河系和拥有 3 亿颗恒星的仙女座星系彼此靠得很近，宇宙膨胀现象在这两个星系之间可以忽略不计。两个星系以约每秒 100 千米（每小时 25 万英里）的速度彼此靠近。如果（未知的）银河系的横向运动速度很慢，那么以这个速度，70 亿年后，银河系和仙女座星系之间 240 万光年的距离将缩减为零。

星际空间很大，到时候，你不必担心仙女座星系中的恒星会撞上太阳。当两个星系相遇，从遥远的安全距离来看，这个景象是十分壮观的。恒星彼此擦肩而过，虽然没有相撞，但这种现象也不是万无一失。一些仙女座星系的恒星可能离太阳系非常近，以致于影响到行星和数千亿颗彗星的轨道运行。比如说，当一些恒星紧贴着太阳系飞过，太阳系行星受到的引力可能发生变化。根据电脑模拟场景，一般受影响的行星要么被接近的恒星吸引过去，要么失去引力控制，飞向星际空间。

还记得金凤花姑娘[1]如何对小熊的粥百般挑剔吧。如果我们的地球被其他恒星的引力吸引了过去，谁也不能保证新的运行轨道可以保持刚刚好的距离让地球上的水维持液态。一般认为液态水是生命存在的先决条件。如果地球

[1] 金凤花姑娘，美国传统的童话角色，金凤花姑娘在森林中闯入三只熊的家，来到一个房间里，桌子上有三个碗里面有食物，有三把椅子。她喝完小熊的粥，坐坏了它的椅子，在小熊的床上恬然入睡。后来三只熊回来了，发现曾经有人来过。最后它们发现了床上的金凤花姑娘，金凤花姑娘被惊醒后求得原谅，并且再不敢擅自进入别人家。由于金凤花姑娘喜欢不冷不热的粥、不软不硬的椅子，总之是“刚刚好”的东西，所以后来美国人常用金凤花姑娘来形容“刚刚好”。

的轨道离恒星太近，地表水就会蒸发，如果离得太远，水又会在低温下冻成冰。

还有一种情况是地球被抛出太阳系，那么即便未来的人类能够创造科学奇迹延长太阳的寿命，他们的努力也会白费。没有了主星的热源，地球表面的气温将迅速降到 0 华氏度以下好几百度。那情况就变得非常糟了。我们赖以生存的由氮气、氧气和其他气体构成的大气层会先液化，再冻结成固态，像糖霜一样把地球这块蛋糕包裹起来。我们还没来得及饿死就会被冻死。到时候地球上只剩下少数不依赖太阳也能生存的有机体。它们只能依赖地壳下涌上来的稀薄的地质化学物质和地热资源生存（那时地表只有这些了）。到了那时，人类早已不复存在。当然，我们也可以去其他星系寻找围绕健康主星运转的行星。

即便人类能进化成在水下生活、依靠吃海底热泉附近的管虫为生的生物，宇宙漫长的迎接末日的过程是无法延迟和避免的。不管你藏到哪里，你都是宇宙中的一分子，而宇宙正无情地渐渐迈向终会到来的末日。最新和最确切的关于宇宙密度和膨胀率的证据表明，通往宇宙未来的是一条单行道，因为宇宙万物加起来的引力都无法阻止和逆转宇宙的膨胀。

当下，最成功的描述宇宙及其起源的理论是大爆炸理论和源于爱因斯坦广义相对论的现代引力概念。早期的宇宙是一个富含能量的极热旋涡。人们生动地称它为“原生汤”。在之后 140 亿年的扩张中，宇宙背景温度已经降到了绝对（开尔文）温标的 3 度。随着宇宙继续膨胀，这个温度会趋于零度。

如此低的宇宙背景温度不会直接影响地球，因为太阳（通常来说）赋予了我们舒适的生活环境。随着银河系星际气体云不断产生一代又一代的恒星，剩下的气体云变得越来越少。最终，气体云会消耗殆尽。宇宙一半星系中的气体云已经消失。一小部分质量最大的恒星会完全坍缩，不复存在。还有一些恒星则变成超新星爆炸死亡。爆炸后的气体又会成为新一代恒星的温床。但大部分恒星，包括太阳在内，最终会在不断膨胀后耗尽内核的燃料，坍缩形成一个致密的物质球，将微弱的剩余热量散发到寒冷的宇宙中。

恒星死后的名称可能听起来很熟悉：黑洞、中子星（脉冲星）、白矮星甚至是棕矮星。这些都是恒星演化到最后会形成的物质。它们的共同点就是会永远留在宇宙中。换句话说，如果恒星燃烧殆尽，没有新的恒星代替它们，那么宇宙中就再也没有恒星了。

那地球会怎么样？地球上的生物每天都要依靠太阳的能量维持生命。如果没有太阳和其他恒星的能量，地球表面和内部的力学和化学演变过程（生命活动在内）都会"逐渐变慢"。最终，所有运动的能量会在摩擦力的影响下消耗殆尽，整个地球的温度都会趋于一致。到时候情况会变得非常糟糕。没有主星的地球会完全暴露在冰冷的、不断扩张的宇宙中。地球的气温会迅速下降，就好像刚烤好的馅饼放在窗台上很快变凉。

然而，不只地球这一颗行星会遭遇这样的命运，万亿年之后，当所有恒星死亡，宇宙中每个角落的动态活动都会慢下来，整个宇宙的温度都会变得一样低。到时候，即使逃到别的星球也无济于事，就算有地狱，那里也将是一片荒凉的冰原。到了那时，我们也许就能宣判宇宙已经死亡，不是毁于一场爆炸，而是沉寂于一声呜咽。

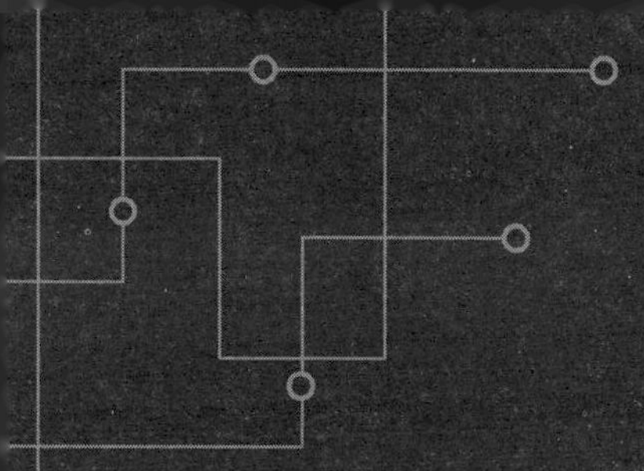

7 上帝与天体物理学家

GOD AND THE ASTRONOMERS

科学家往往持有很强烈的怀疑态度。在科学界，获得最重大奖项的往往是那些成功指出被广泛接受模式中的错误的学者。

几乎在我的每一场关于宇宙的公开讲座中，我都尽量在最后留下充足的时间给观众提问。一般提问的过程无外乎是这样：首先，观众的问题是关于我的讲座的，接着，他们会提到一些大家都感兴趣的天体物理学话题，像是黑洞、类星体和大爆炸。如果演讲最后的时间充裕，提问次数又不受限制，话题就会延伸到上帝层面。典型的问题有："科学家相信上帝吗？""你相信上帝吗？""你在天体物理学上的研究会对你的宗教信仰产生影响吗？"

出版商都知道提及上帝的书籍最畅销，而"有史以来最好的故事"的作者通常是科学家，书名同时包含了科学和宗教主题。这样的畅销书有罗伯特·加斯特罗的《上帝与天文学家》，利昂·莱德曼的《上帝粒子》，弗兰克·提普勒的《永生物理学：现代宇宙学，上帝，以及死者的复生》，以及保罗·戴维斯的两部作品《上帝与新物理学》和《神的心灵：理性世界的科学基础》。他们都是颇有成就的物理学家或天文学家，这些书虽然不是严格意义上的宗教书籍，但他们允许读者将上帝和天体物理学联系起来探讨。连已故的史蒂芬·杰伊·古尔德也位列其中。古尔德是笃信达尔文进化论和不可知论的学者，可他也在最新的著作《时代之石：圆满生命中的科学和宗教》中提到了科学和宗教的联系。这些书籍的畅销表明，有些读者渴望看到有一座桥梁能够跨越科学和宗教之间的鸿沟。

媒体记者也难免受到这种趋势的影响。当宇宙背景探测器卫星发现了宇宙微波背景辐射的结构，这个项目的首席调查员用如此简单的话语向媒体解释这个发现对现代宇宙学的重要意义："如果你信教的话，这个发现就好像你亲眼见到了上帝。"媒体不会错过这位科学家提及上帝的瞬间，很快他们就误解了调查员的话，登出了这样的刺眼的标题《天文学家发现了上帝》，《天文学家面对面见到了上帝》。

《永生物理学》探讨了物理学原理能否让你的灵魂在

你肉体死去很久之后继续存在。这本书出版之后，弗兰克·提普勒在新书宣传时也向新教宗教团体做了很多次报酬不菲的演讲。近年来，科学与上帝运动在约翰·马克斯·邓普顿爵士的努力下进一步蓬勃发展。邓普顿是邓普顿投资基金的主要创始人，他致力于在科学和宗教之间寻找和谐融通。除了资助这方面的工作室和会议，邓普顿还设立了年度宗教奖，丰厚的奖金堪比诺贝尔奖。最近已有几位对宗教友好的科学家获得了这个奖项。

尽管如此，根据最近的实践，毫无疑问，科学和宗教是水火不容的。历史学家和康奈尔大学前校长安德鲁·怀特所著的《基督教世界科学与神学论战史》详尽地展现了宗教和科学之间长期敌对的历史。这两者之间的地位往往取决于当时社会的统治力量是宗教还是科学。科学成果依赖于实验验证，而宗教成果取决于人们的信念。这是两种无法调和的认知方式。无论何时何地，宗教和科学这两个阵营的相遇总是针锋相对的。就像人质谈判一样，最好让双方都持有话语权。然而这两者没有完全割裂开来，因为早期的人们总想方设法把双方团结在一起。

很多拥有卓越智慧的科学伟人，从公元 2 世纪的克罗狄斯·托勒密到 17 世纪的艾萨克·牛顿，都试图通过宗教书籍上的观点和理念来探索宇宙的本质。直到 1727 年牛顿逝世，他书写的关于上帝的文字已经多于物理学原理。他试图用《圣经》的年表来解释和预测自然现象，但都是徒劳的。如果前人能成功地将科学和宗教联系起来，那么现今这两者早已融为一体。

可事实绝非如此。

理由很简单。我从未见过有人能通过推测或推算宗教教义中的信息成功预测自然界的事件。我还可以说得更加肯定一些。任何时候，当有人利用宗教教义推想自然界的基本原理时，他们都大错特错了。科学预测，即对自然界事物或现象的准确描述，都应该是在事件发生之前提出的。而宗教预测某件事总是在事件发生之后，他们提出的不是预测，而是“后测”。这类“后测”构成了大多数创世神话以及拉迪亚德·吉卜林[1]“假想”故事的支柱。在

[1] 英国小说家、诗人，1865 年出生于印度孟买。

这类故事中，对日常现象的解释都是建立在人们已经熟知的常识之上。在科学上，一次成功的预测比得上 1000 次后测。

在所有失败的预测中，名列榜首的要数老生常谈的世界末日了，至今为止，没有一次预测得到过证实。然而，还有一些预测真正暂停或逆转了科学发展的进程。伽利略的审判就是一个最好的例子（我认为这是一场千年难得的审判）。他的宇宙理论和天主教主导思想完全不同。在宗教机构看来，地心说在观测上具有丰富的意义。地心说模型用完整的本轮[1]来解释行星在宇宙中的运行，而且这个理论并不与任何已知的观测相冲突。即使在哥白尼提出了日心说很久之后，地心说仍然占据主导地位。

不仅如此，地心说还与天主教的教义和盛行的对《圣经》的解读相符合。根据《创世记》的前几句，上帝在创造太阳和月亮之前创造了地球。先被创造出来的东西自然

[1] 本轮，周转圆。托勒密的宇宙模型里行星循着本轮的小圆运行，而本轮的中心循着称为均轮的大圆绕地球运行。这种模型可以解释行星为什么会逆行。

处于中心位置，不然该放在何处呢？除此之外，太阳和月亮都被认为是光滑的天体。除了天体，无所不知的神明为何还要创造其他无用的东西？

随着伽利略发明天文望远镜，这一切都改变了。望远镜里展现的宇宙和人们观念中以地球为中心、纯洁神圣的宇宙截然不同：月球的表面坑坑洼洼；太阳表面布满移动的光点；木星也有围绕着自身运转而不是地球的卫星；金星也和月球一样有阴晴圆缺。伽利略激进的科学成果动摇了基督教世界，他的书被禁，他本人也因散布异教邪说被送上了法庭，而后被软禁在家中。可与修士乔尔丹诺·布鲁诺比起来，伽利略受到的惩罚算是轻则又轻了。几世纪前，布鲁诺提出地球可能不是宇宙中唯一一个存在生命的星球，于是他被视为异端活活烧死。

我不是说有能力的科学家在使用科学方法时都万无一失，没有犯过重大错误。他们当然犯过错。很多科学前沿的理论往往最终会被更多或更准确的数据证明是错误的。但这种科学方法可以让科学工作者孜孜不倦地刨根问底，可以促使新的理念、典范和理论的形成。这个探索过程本身是极其正确的。在人类思想史上，没有其他任何途径可以像科学探究一样成功地破解宇宙的运行规律。

人们偶尔会指责科学家狭隘偏执。这是因为科学家会很快否认占星术、超自然现象、大脚野人目击现象和其他经不起二次盲测或缺乏可靠证据的领域。但同样的质疑也会落到专业研究期刊中寻常的科学理论上。评判的标准是一样的。来看看以下的例子：在一次新闻发布会上，美国犹他州的化学家 B. 斯坦利·庞斯和马丁·弗莱希曼在试验台上展示了一种“冷”核聚变。科学家们立刻对此产生了怀疑。几天后，人们发现，没有人能再现庞斯和弗莱希曼的实验结果，于是他们的工作项目宣告结束。像这样宣布新科学发现的事件几乎每天都会上演（除去新闻发布会之外）。

科学家往往持有很强烈的怀疑态度。在科学界，获得最重大奖项的往往是那些成功指出被广泛接受模式中的错误的学者，有些人可能会对此感到很惊讶。发现新的认识宇宙方法的学者也能获得同等奖项。几乎所有著名的科学家，包括你最喜欢的那些，都曾获得过这样的奖项。一个科学家事业上的成功与他在其他方面的成就成反比——特别是宗教上的成功。

我也不是说世界上没有信教的科学家了。在最近一项关于数学和科学家信教比例的调查中，信教的数学家占到了 65%（最高比例），而信教的物理学家和天文学家只占 22%（最低比例）。在全美国的科学家中，信教的比例平均达到了 40%，而且这个数据在过去的一个世纪中几乎没有变化。作为参考，全美信教的人占 90%（是西方社会信教比例最高的国家）。由此可见，要么是不信教的人去学科学了，要么就是科学使人不那么迷信宗教。

那些信教的科学家又是怎么回事？有一点是可以肯定的，那就是成功的研究人员不会从宗教教义上学到科学。他们使用的科学方法几乎和他信奉的伦理、灵感、道德、美学、爱、恨或社会准则无关。而后者都是文明社会的关键元素，几乎每种宗教中的神都探讨过这些话题。所以说，很多科学家并不会因为信教而在内心感到矛盾。

当科学家谈到上帝时，他们说的一般都是上帝如何在知识认知的边缘指引他们。我们在知识面前是那么的谦卑，而我们的好奇心又是如此强烈。这样的例子数不胜数。公元 2 世纪，行星运动理论还是自然哲学的前沿知识，托勒密不禁在写作时产生了一种庄严的宗教情绪，他写道："当我乘着愉悦的翅膀往返于天际之间，我的双脚不再站立在地球上，我正处于宙斯的位置上俯瞰众生，腹内填满了仙露琼浆。"注意，这时托勒密不是在为水银在室温下保持液体状态，或一块下落的石头直直地落向地面而感到兴奋不已。他当时还未能充分了解这两个现象，科学前沿也还未研究过它们，所以他还不至于用宗教语言描绘科学现象。

在 13 世纪，卡斯蒂利亚和莱昂的国王智者阿方索（阿方索十世）也是一位富有才华的学者。托勒密提出的地心说让他感到很费解。他可不像托勒密那么谦卑，有一次，他在苦苦思索后说道："如果我是创世者之一，我一定会尽绵薄之力让宇宙的秩序变得更好一些。"

在 1678 年发表的著作《自然哲学的数学原理》中，艾萨克·牛顿叹息道，他提出的万有引力定律适用于解释成对物体之间的引力关系，但应用到多个行星的运动上，却无法保持一个稳定的引力系统。一旦引力失衡，行星就会撞向太阳或一同被弹出太阳系。牛顿很为地球和其他行星的未来感到担忧，于是借上帝之手的推力来维系太阳系的长期稳定。一个世纪之后，法国数学家和动力学家皮埃尔－西蒙·德·拉普拉斯在他篇幅为五卷的论文《天体力学论》中提出了一种微扰理论，他将牛顿万有引力定律的适用性延伸成了像太阳系一样复杂的行星系统。他指出，太阳系实际上是稳定的，根本不需要上帝之手来施加额外的力。当拿破仑·波拿巴问他为什么没有在书中提到“宇宙的创造者”，他的答复是：“我不需要这样的假设。”

阿尔伯特·爱因斯坦也像阿方索国王一样觉得宇宙的运行过于复杂，他在给同事的一封信中写道：“如果上帝创造了这个世界，他肯定要先保证不能让凡人轻易地了解它的运行方式。”他无法理解为什么确定宇宙的运行需要量子力学中不确定的原理来解释。于是他想：“我们很难窥见上帝的安排，但若是上帝在创造世界时采用的是掷骰子一样随机的方式……我一时还难以置信。”当人们通过实验结果反驳爱因斯坦提出的新引力理论时，他说道：

"上帝的安排是精妙的，但他肯定没有恶意。"丹麦物学家尼尔斯·玻尔也是当代的一名爱因斯坦式的伟大人物。当听了太多爱因斯坦关于上帝的论调后，他认为爱因斯坦不该代表上帝的旨意。

今天，你偶尔会听到天体物理学家在被人问到"你们的物理学理论从何得来？"或是"宇宙大爆炸之前是什么？"这样的问题时会提到上帝。可以预见，这些问题包含了现代宇宙探索的前沿领域（前文中的例子在所处的时代皆是如此），它们超出了已知数据能解释的范围。如今已有一些理论有望回答这些问题，像是膨胀宇宙学[1]与弦理论[2]。也许这些理论最终能给出这些问题的答案，让我们对宇宙的认识更进一步。

我在宗教和科学问题上的观点则完全趋于实用性，在

---

[1] 1929年，美国天文学家哈勃根据"所有星云都在彼此互相远离，而且离得越远，离去的速度越快"这样一个天文观测结果，得出结论认为：整个宇宙在不断膨胀，星系彼此之间的分离运动也是膨胀的一部分，而不是由于任何斥力的作用。

[2] 弦理论是理论物理的一个分支学科，弦理论的一个基本观点是，自然界的基本单元不是电子、光子、中微子和夸克之类的点状粒子，而是很小很小的线状的"弦"（包括有端点的"开弦"和圈状的"闭弦"或"闭合弦"）。

某种程度上，我的看法和伽利略一致。他在审判中说出了一句传世名言：“《圣经》告诉你如何上天堂，但不会告诉你苍穹如何运转。”1615 年，伽利略在给托斯卡纳大公爵夫人克里斯蒂娜的信中写道：“在我看来，上帝写了两本书：一本是《圣经》，人类可以在其中找到价值和道德的真谛；第二本是自然之书，人类可以通过观察和实验，自己探寻宇宙的奥秘。”

我倾向于有实际效用的观点，科学方法中有益的怀疑态度就很有实用性。相信我，如果《圣经》中有大量的科学原理和启示，我们肯定会孜孜不倦地探索其中蕴含的宇宙奥秘。而激发我科学灵感的词汇很多都和宗教狂热者的词汇相同。我和托勒密一样，在顺时针运行的穹宇面前保持谦卑。当我身处宇宙探索的前沿，用笔尖写下物理学原理，或是当我站在山顶天文台观察无尽的夜空，我的心中充满了对壮阔宇宙的崇敬之情。但我知道并且承认，如果我假设地平线外有一个上帝在恩泽我们集体的无知，那么总有一天，当我们的认知领域变得更加广阔，我就“不需要提出这样的假设”了。

在人的生命中，宗教最稳固的立足点之一是死亡。《圣经》及其他揭示真理的教义中都有很多关于来世的内容。在这个问题上，我还是不想引用任何假设或假说。在生命的循环往复中，所有的物质和总能量是守恒的。这是物理学原理的一个基本特点，我对此深信不疑。我甚至把这个概念提升到了新时代运动的高度。等我死后，我希望被埋葬，而不是被火化。不管在任何时候，有机物（包括尸体）被火化之后，其中的四万亿细胞蕴含的生物能将会完全转化成热能，这些热能会使殡仪馆附近的气温升高，最终辐射向太空。当这些热能在宇宙中积累起来，低能量的辐射会增加宇宙的熵[1]，而这个过程在很大程度上是无法恢复的。

这么一点热量远远无法弥补我亏欠地球（和宇宙）的一切。在我的一生中，我以进食地球上的植被和动物为生。无数的植物和动物牺牲生命，无奈地贡献出它们的能量维系我的生存。我能做的只有把我的躯体奉献给这颗距

[1] 熵，热力学中表征物质状态的参量之一，用符号S表示，其物理意义是度量体系混乱程度。

离太阳第三近的星球。我希望在死后能像古时那样被埋入土中。这样我的遗体就能被微生物分解，充当爬虫和根茎的养分。我会成为它们的食物，就好像它们曾经也是我的食物。至少我可以把我从自然中索取的一部分能量归还到天地万物中。这样一来，在我一生的科学冒险结束之后，我这一介凡胎才能更加接近天堂。

FONGHONG
凤凰联动出品